On a perdu le Youki

Yvon Taburet

Éditions ART ET COMÉDIE
2, rue des Tanneries
75013 PARIS

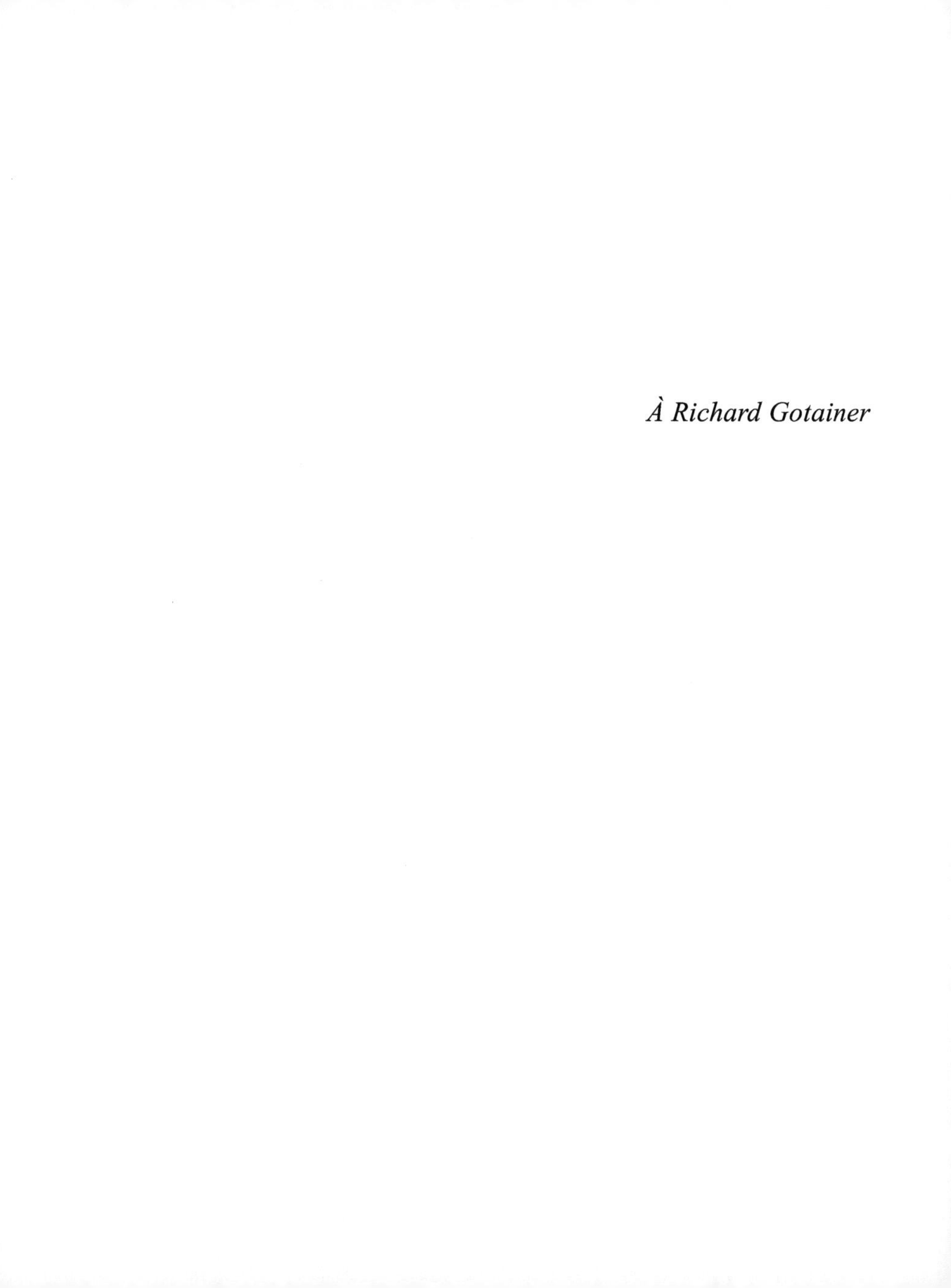

À Richard Gotainer

Note sur l'auteur

Yvon Taburet est un auteur qui vit en Bretagne, dans une petite localité du Morbihan. Auteur à succès, ses pièces, essentiellement des comédies, ont été représentées par plus de mille troupes en France et pays francophones.

« Tous ceux qui sont allés un jour à un repas de quartier, à une fête d'immeuble, ont peut-être connu, au moment des préparatifs, ces sentiments de partage et de connivence qui font qu'au-delà des différences de chacun, on se sent, tout à coup, très proche de son voisin. C'est cette fête de la rencontre et de l'amitié que je vous invite à partager. » YVON TABURET

Personnages

ANATOLE

LOUISETTE

RACHID

FATIMA

ELVIS

GERMAINE

CYNTHIA

HIPPOLYTE

CLOTILDE

MARIE-CHANTAL

Acte Un

Anatole est sur scène. Il gonfle un ballon de baudruche. À ses pieds, trois ou quatre ballons déjà gonflés, reliés à une ficelle. Entrée de Louisette. Elle tient un rouleau de nappe en papier.

LOUISETTE - Anatole ! Qu'est-ce que tu fabriques ? Tu ne vois pas qu'il y a plus urgent à faire que de gonfler des ballons ? Il y a encore toutes les chaises à installer, le barbecue à aller chercher dans le garage... Tu n'oublieras pas de nettoyer la grille et puis tu iras chercher des plats chez Rachid et Fatima parce que moi, je n'en aurai jamais assez... Dis... Tu m'entends ? Arrête de gonfler pendant que je te parle.

ANATOLE - Mais c'est toi qui me gonfles ! Laisse-moi donc finir mes ballons tranquillement... Tu sais, c'est important la déco. On ne va tout de même pas faire la fête des voisins sans déco... Souviens-toi, l'an dernier chez Elvis et Germaine... Le Elvis, il avait tapissé tout son mur avec des pochettes de quarante-cinq tours... Rappelle-toi comme c'était la classe... Alors moi, je vais peut-être faire plus traditionnel mais je tiens tout de même à ce que ça fasse beau.

LOUISETTE - Je reconnais bien ton esprit pratique... Faire la décoration avant le gros œuvre... Mon pauvre bonhomme ! Tu es d'une logique ! Il n'y a que toi pour raisonner comme ça !

ANATOLE - C'est qu'elle a l'air excitée la petite dame ! Elle n'aurait pas un peu picolé ? *(Il fait le salut militaire.)* Gendarmerie nationale… Petite vérification… Contrôle d'alcoolémie… *(Il tend un ballon à Louisette.)* Allez-y ! Soufflez !

LOUISETTE - Anatole ! Tu crois vraiment que c'est le moment de faire le guignol ?

ANATOLE - Bien sûr que c'est le moment. Allez ! Vas-y ! Souffle ! *(Elle s'exécute.)* Allez ! Encore ! Fais voir ! *(Il lui prend le ballon, souffle à nouveau puis le lâche en direction du public. Le ballon fuse tout en se dégonflant. Anatole, ravi, se met à chanter.)* « C'est la fête, c'est la fête… » *(S'arrêtant.)* Ben quoi ! Ce n'est pas vrai ? Allez ! Souris donc un peu.

LOUISETTE - Je sourirai quand le travail sera fini.

ANATOLE - Allons bon ! Voilà qu'on ne peut plus rigoler à présent ? C'est interdit par le règlement, c'est ça ?

LOUISETTE - Je n'ai pas dit ça.

ANATOLE - Ben alors, fais-moi donc une petite risette… Mieux que ça… Et puis un petit bécot… *(Désignant sa joue.)* Un petit bécot pour Anatole. Allez ! Un petit.

LOUISETTE *(s'approche en souriant puis l'embrasse)* - Espèce de grand fou, va ! Bon ! Maintenant, au boulot ! Va donc chercher les chaises et tu ramèneras aussi la table du salon de jardin, j'en aurai besoin pour poser mes plats. Allez ! Active-toi !

La sonnerie de la porte d'entrée retentit et, sans attendre qu'on vienne leur ouvrir, arrivée de Rachid et Fatima. Fatima porte des plats.

RACHID - Bijour ! Y a quelqu'un dans la casbah ? Bijour le gazou ! Bijour la gazelle ! *(Ils s'embrassent.)* Ça va bien ? *(À Anatole.)* Ça va, toi, mon ami? *(Se tournant vers Louisette.)* Et toi, la gazelle? Toujours aussi belle! Encore plus belle que la mosquée de Kairouan! Aïe aïe aïe! Anatole, tu as de la chance! Deux mille chameaux et trois Ferrari et je t'achète ta gazelle. Tu es d'accord?

ANATOLE - Garde les Ferrari et amène-moi les chameaux. Je les mettrai sur la pelouse, ça m'évitera de tondre.

FATIMA - Qu'ils sont bêtes ces deux-là! Vous n'en avez pas marre de raconter toujours les mêmes bêtises à chaque fois que vous vous voyez? Tiens Louisette, je t'ai apporté les plats.

ANATOLE - On boit un coup? J'ai un petit rosé, ça vous dit?

RACHID - Un petit rosé de Tunisie?

ANATOLE - Tu rigoles! Je bois français, moi, monsieur. Qu'est-ce que tu veux que je fasse de ton jus de raisin?

RACHID - Aïe aïe aïe! Mon ami! Je te pardonne parce que tu as une jolie femme mais vraiment tu ne sais pas ce que tu dis. Tu n'as jamais goûté le rosé de Carthage? Quand tu le bois, tu crois que le soleil, il est dans ton verre. Franchement c'est la vérité vraie.

ANATOLE - Ouais! C'est ça, je vais te croire…

RACHID - Est-ce que tu sais au moins que sept cents ans avant Jésus-Christ il y avait déjà du vin en Tunisie?

ANATOLE - Ah! c'est pour ça qu'il a un goût de bouchon? Je me disais aussi…

RACHID - Louisette, ma gazelle, je vais te dire : cet homme ne te mérite pas.

ANATOLE *(servant tout le monde)* - Allez! Bois donc un coup, ça t'évitera de dire n'importe quoi. Attention. Contact! *(Tous se* *lèvent et placent leur verre au niveau du nombril.)* Moteur ! *(Tous portent le verre au niveau du menton.)*

TOUS ENSEMBLE - Eeeeeeeeeeeeeeeeeet... *(En faisant monter le son progressivement.)*... santé !

Ils boivent tandis qu'on sonne à la porte.

LOUISETTE - Entrez ! C'est ouvert !

Entrée de Cynthia. Enceinte jusqu'aux dents, elle avance le ventre en avant. Elle fait la bise à tous.

CYNTHIA - Bonjour ! Ça va ?

LOUISETTE - Nous oui... Mais... Et toi ?

FATIMA - Alors ? Tu l'as vu le gynéco ?

CYNTHIA - Ben ouais ! Figurez-vous que vous aviez raison, les filles : je suis bien enceinte.

FATIMA - Tu sais, ce n'était pas trop difficile à deviner.

LOUISETTE - On se doutait bien que ce n'était pas de l'aérophagie.

ANATOLE *(s'emparant d'un ballon)* - T'as vu, Cynthia, il n'y a pas que toi qui es comme ça... Moi aussi, j'ai le ballon.

LOUISETTE - Oh là là ! Qu'est-ce que tu peux être lourd par moments... Ne l'écoute pas... Dis-nous plutôt comment ça s'est passé.

CYNTHIA - Sans vouloir te faire de la peine Louisette, tu m'as envoyée chez un drôle de loulou.

LOUISETTE - Le docteur Marie ? Pourquoi dis-tu cela ? C'est mon gynéco depuis plus de trente ans et je peux t'assurer que c'est un super pro.

Cynthia - N'empêche… Je l'ai trouvé louche… Il n'a pas arrêté de me poser des questions bizarres.

Fatima - Quoi par exemple ?

Cynthia - Il a commencé à me demander : « Vous êtes réglée comment, d'habitude ? » Je vous jure, je n'invente rien… Vous imaginez… Vous allez voir un docteur, et le type, tout de suite, il vous demande ça !… Moi, personnellement, je m'en fiche de savoir comment je suis réglée… Du moment que le client paie… Chèque ou carte bleue, quelle importance ? Et puis d'abord, comment il a su que j'étais caissière ? C'est qui ce mec ? Nostramadus ?

Louisette - Mais non… Ce n'est pas Nostradamus… Et après ?

Cynthia - Après, il me demande : « Vous pensez être enceinte de combien ? » Je lui ai dit : « Je sais pas trop… C'est vrai, il faisait noir… Mais je crois bien qu'il était tout seul. » Attendez !… Ensuite, il me demande si j'ai une idée de l'âge du papa. Qu'est-ce que tu veux que je dise ? Le type, je l'ai rencontré à la sortie de « L'Atlantide »… Déjà que je ne connais pas son nom, comment veux-tu que je connaisse son âge ? Pourquoi pas son numéro de Sécurité sociale pendant qu'il y était ?… Ce soi-disant docteur, il a fait des études pour poser des questions pareilles ?

Fatima - Ne te fâche pas comme ça ! Ce n'est pas bon pour le bébé.

Cynthia - Oui, t'as raison… D'autant qu'il m'a prévenue que le bébé, il risquait d'être moche !

Louisette - Qu'est-ce que tu racontes ? Il n'a pas pu te dire ça !

Cynthia - Il ne l'a pas dit directement mais je ne suis pas bête, j'ai tout de suite compris quand il m'a demandé : « Est-ce que vous croyez qu'à part vous, quelqu'un va reconnaître l'enfant ? » Ça veut bien dire ce que ça veut dire. S'il n'y a que sa mère qui peut le reconnaître, le pauvre gosse, c'est qu'il va être vraiment moche.

Rachid - Ne dis pas ça, la gazelle… Il sera beau le bébé.

Cynthia - T'es gentil, Rachid, de vouloir me rassurer… Mais tu sais, je l'ai vu à la télé… Franchement, il n'est pas terrible le cosmonaute… On dirait E.T… Le toubib, il avait raison : ça ne sert à rien de se voiler la fesse.

Anatole - Se voiler la face… On dit « la face », pas « la fesse »… La fesse, si tu l'avais voilée, ça t'aurait peut-être évité d'avoir un polichinelle dans le buffet.

Fatima - Dis-moi, Cynthia… Est-ce que tu penses allaiter ?

Cynthia - À l'été ? Bien sûr que je pense à l'été. Tu sais bien, Fatima, je suis comme toi, moi aussi j'adore le soleil, j'aime pas la pluie.

Fatima - Non… Je ne parle pas de l'été, je te demande si tu vas l'allaiter, si tu vas le nourrir au sein.

Cynthia - Je ne sais pas si j'y arriverai…

Anatole - T'inquiète ! Rachid et moi, on te montrera.

Ensemble, tous deux font mine de téter.

Louisette - Ne t'en fais pas Cynthia ! On ne te laissera pas toute seule.

Cynthia - Vous êtes chics !

Rachid - C'est normal, la gazelle. Entre voisins, faut s'entraider.

Le téléphone sonne. Anatole se déplace et décroche.

Anatole - Allô ! Allô ! Qu'est-ce que c'est ?… Ah !… Ça pour une surprise, c'est une surprise… Et qu'est-ce qui me vaut l'honneur de t'entendre ? Comment ?... À cinq kilomètres d'ici ?... Bon... Ne t'énerve pas... T'es où exactement ?... Ouais... Je vois... Bon... Commence à faire du stop, j'arrive !... Mais non... Je plaisante... Bien sûr qu'on va trouver une solution... On ne va tout de même pas laisser tomber la famille... Alors, écoute ! Tu ne bouges pas et j'envoie la cavalerie pour vous sauver. À tout à l'heure !

Il raccroche.

LOUISETTE - Qu'est-ce qui se passe ?

ANATOLE - Attends un peu... Je passe un appel et après, je t'explique. *(Il compose un numéro.)* Allô ! *(Prenant une voix snob.)* Allô ! Marie-Chantal ? Comment allez-vous chère amie ?... *(Reprenant sa voix normale.)* Ben ouais ! C'est Anatole... Comment tu m'as reconnu ? Quoi ? À cause de mon haleine ? Tu sais que t'es toujours aussi drôle, toi ? Bon... Écoute-moi deux secondes... Je t'ai trouvé du boulot... Tu n'en cherches pas ? Ce n'est pas grave, je t'en ai trouvé quand même... Est-ce que tu pourrais dépanner un 4x4 qui se trouve sur la route de l'étang ?... J't'explique... Le propriétaire, je le connais... Ouais... C'est même quelqu'un de la famille... Si, si... Je suis sérieux... Alors sois gentille, tu le dépannes et tu me l'envoies... Puisque tu passes devant la maison, tu me dépotes le touriste et tu viens boire un coup par la même occasion, comme ça tu pourras même joindre l'inutile à l'agréable... D'accord ? Allez ! À tout de suite !

LOUISETTE - Alors ? Raconte !

ANATOLE - C'est mon cousin Hippolyte, tu sais, le cousin qui habite à Neuilly... Figure-toi que lui et sa femme sont tombés en panne de voiture tout près d'ici ; c'est pour ça qu'il a appelé.

LOUISETTE - Dis donc, ton cousin, c'est bien celui qui, en trente ans, ne nous a jamais invités chez lui ?

ANATOLE - Oui… Tu sais, il est toujours très occupé.

LOUISETTE - Tellement occupé qu'il n'a jamais pris le temps de faire ma connaissance… Et là, aujourd'hui, comme par hasard, ce monsieur découvre qu'il a une famille… Comment tu m'as dit qu'il s'appelait le cousin?

ANATOLE - Il s'appelle Hippolyte.

LOUISETTE - Un gars qui donne de ses nouvelles uniquement parce qu'il est dans le besoin. Ton Hippolyte, il aurait mieux fait de s'appeler hypocrite.

ANATOLE - En attendant, on ne peut pas le laisser sur le bord de la route et si c'est l'occasion de pouvoir tisser des liens familiaux plus étroits, pourquoi pas? Qu'est-ce que vous en pensez, vous autres?

RACHID - T'as raison mon z'ami! C'est important de tisser les liens familiaux, avec ça tu fais un joli tapis pour toute la famille.

FATIMA - Chez nous, on dit que la famille c'est comme un grand jardin où chaque plante prend sa place. Alors tu dois les accueillir.

LOUISETTE - Tu veux dire que dans ton jardin, t'es même obligée d'accueillir les cornichons?

ANATOLE - Oh! doucement! Ne juge pas trop vite! Tu ne les connais pas… Et moi non plus d'ailleurs… C'est vrai que lorsque nous étions jeunes, nous n'étions pas spécialement copain copain, mais c'était il y a plus de trente ans… Le temps a passé depuis… Laissons donc nos préjugés, tu veux bien, et apprêtons-nous à recevoir nos cousins.

LOUISETTE - Avoue tout de même qu'ils tombent mal… Au moment où on prépare la fête entre voisins… Tu sais bien qu'à cette fête ne sont invités que les gens du quartier… On a toujours dit :

pas d'autres personnes. Cousins ou pas cousins… Il n'y a qu'à les envoyer à l'hôtel.

ANATOLE - À l'hôtel ! Tu plaisantes ! Tu sais très bien qu'il n'y a pas d'hôtel par ici… Pour en trouver un, il faut au moins faire trente kilomètres.

LOUISETTE - Et alors ? Nous, quand nous sommes allés à Paris, on y était bien à l'hôtel ! Alors, il n'y a pas de raison. Pour eux, ce sera pareil, un point c'est tout.

ANATOLE - Mais…

LOUISETTE - N'insiste pas ! On a toujours dit qu'il fallait être du quartier pour être à la fête des voisins. C'est pourtant simple à comprendre. On a dit : aucune exception. Pour ceux qui ne sont pas du quartier, pas de quartier !

ANATOLE - Tu pourrais faire un effort pour ma famille.

LOUISETTE - On a dit : pas d'exception !

ANATOLE - Louisette, tu connais la différence entre toi et un terroriste ?… Eh ben avec un terroriste, au moins, on peut négocier, alors qu'avec toi…

LOUISETTE - Anatole ! Tu es injuste !

RACHID - Oh ! les gazous ! Vous n'allez pas commencer à vous disputer pour si peu. Tu sais, gazelle, nous ça ne nous dérange pas, au contraire… Chez nous, on connaît ça… Tu invites un cousin, il y en a trente qui viennent.

FATIMA - Si c'est la famille, c'est normal.

LOUISETTE - En fait ce qui me gêne, c'est que je ne les connais pas… Ces gens-là, ils ne sont pas de notre monde… Je ne sais pas si ça va leur plaire… Dans la chambre d'amis, le matelas n'est plus très bon… À moins qu'on leur donne notre chambre ?

ANATOLE - Alors là ! Ça, c'est tout toi. Il y a cinq minutes, tu étais prête à les envoyer au diable et à présent, tu voudrais leur refiler mon lit ? Tu n'as vraiment pas de juste milieu… Ne t'affole donc pas comme ça. On rend service à la famille, point final ! Ce n'est pas pour ça qu'il faut se croire obligé de refaire la tapisserie et les moquettes… Ils iront dans la chambre d'amis comme tout le monde. On ne va pas commencer à faire des manières.

LOUISETTE *(se levant)* - Je vais aller faire le lit.

FATIMA *(se levant à son tour)* - Attends ! Je vais t'aider.

CYNTHIA *(se levant aussi)* - À trois, ça ira plus vite. J'arrive.

LOUISETTE - Cynthia ! Dans ton état ! Tu n'y penses pas !

CYNTHIA - Qu'est-ce qu'il a mon état ? Ce n'est pas parce que je suis en cloque que j'ai attrapé des ampoules aux mains. Allez ! Au boulot !

LOUISETTE - Anatole ! N'oublie pas les chaises ! Ne traîne pas trop ! Tu sais, il y a encore plein de travail. Au fait ! Tu as pensé à l'éclairage du jardin ?

ANATOLE - Bien sûr que j'y ai pensé… Pas besoin d'être une lumière pour voir que la nuit, il fait noir… Et trop de noir nuit. N'est-ce pas Rachid ?

RACHID - T'inquiète la gazelle ! J'ai tout prévu… On va mettre des lampes à huile partout dans le jardin… Parce que, comme tu sais, l'huile c'est ma spécialité. Le monde entier connaît la réputation de mon huile… D'ailleurs toi aussi, tu la connais. Ne fais pas cette tête-là, la gazelle. Ne me dis pas que tu connais pas l'huile à Rachid !

FATIMA *(à Louisette)* - Viens ! Si tu commences à l'écouter, il va croire qu'il est drôle.

LOUISETTE - La table de jardin, Anatole, tu n'oublies pas !

ANATOLE - C'est bon ! J'ai compris. *(Elles sortent vers les chambres.)* Tu vois, Rachid, je vais te dire un truc… Les femmes, c'est comme le café : au début ça excite mais à force, ça énerve.

RACHID - Eh oui mon ami… Les femmes, ce n'est pas comme la météo… Tu ne peux jamais prévoir.

On sonne à la porte. Sans attendre qu'on lui ouvre, arrivée d'Elvis. Blouson noir et banane, il fait très rocker des années soixante. Il porte un projecteur et un câble électrique.

ELVIS - Holà ! Y a du monde là-dedans ?

ANATOLE - Tiens, voilà le plus beau ! Ne braille pas comme ça, tu vas réveiller les mouches !

ELVIS - Ça va les gars ? Hé, dites donc ! Je vous surprends en plein effort. Ça va ? Ce n'est pas trop dur ?

RACHID - Qu'est-ce que tu veux, gazou, ce n'est pas de notre faute ; nous, on ne peut pas rester sans rien faire.

ELVIS - Bon… Ben… Si c'est comme ça, moi aussi je veux bien participer à l'effort national. Vas-y Anatole ! Apporte un verre !

Anatole va chercher un verre et sert tout le monde.

ANATOLE - Contact… Moteur…

TOUS - Eeeeeeeeeeeeeeet… santé !

Ils boivent d'un trait et reposent leurs verres en même temps.

ELVIS - Alors ? Quoi de neuf ?

RACHID - Comme tu vois, on bosse.

ELVIS - Ouais ! Je vois ça.

ANATOLE - Et toi ? Te voilà prêt à éclairer le Stade de France ?

ELVIS - Ouais, mon pote ! Comme tous les ans, ça va donner dans le quartier !

ANATOLE *(à Rachid)* - Faut reconnaître qu'il s'y connaît question technique, le rocker.

ELVIS - Tu sais, c'est normal… Quand j'avais mon groupe de rock, « Elvis et les chiens hurlants », j'peux te dire que j'en ai souvent fait du câblage.

ANATOLE - En somme, t'es resté un garçon branché, toujours au courant, pas vrai ? Au fait, en parlant de courant… Si tu veux prendre du jus dans le garage, il faudrait d'abord réparer la prise, je crois bien qu'elle est défectueuse. Tu pourrais voir ça ?

ELVIS - Tu veux une prise mâle ou une prise femelle ?

ANATOLE - Je ne te demande pas de faire de la reproduction… Mâle ou femelle, je m'en fiche ! Moi ce que je veux, c'est juste une réparation.

ELVIS - Toi mon pote, t'es grave ! Tu le sais ça que t'es un mec vachement grave ?

ANATOLE - Ah bon ? C'est grave d'être grave ?

ELVIS - Ce type est complètement hors circuit ! À son âge, ne pas savoir qu'il existe des prises mâles et des prises femelles, faut vraiment avoir les fils qui se touchent… Je dirais même plus : faut être complètement disjoncté. Pas vrai Rachid ?

RACHID - Aïe aïe aïe ! Entre le scorpion et le serpent, ne mets jamais le doigt… Alors, moi je ne dis rien. Dis donc Elvis, mon ami… En parlant de reproduction… Tu ne connais pas la dernière ?

ELVIS - Non, c'est quoi ?

RACHID - Cynthia… Figure-toi que la gazelle, elle est enceinte.

ELVIS - Non ! Et on connaît le père ?

ANATOLE - Non… Mais rassure-toi, elle non plus ne le connaît pas.

ELVIS - Waouh ! C'est vachement rock and roll votre histoire !

ANATOLE - J'ai comme l'impression que dans quelque temps, on n'aura pas fini de faire du baby-sitting dans le quartier. Ben ouais… Faudra bien qu'on l'aide la gamine, parce que toute seule, elle est mal barrée.

RACHID - T'as raison gazou, la Cynthia on va s'en occuper. Elle n'a peut-être pas inventé le couscous mais c'est une brave fille.

ELVIS - Je vais vous dire les gars, c'est ça qu'est bonnard dans ce quartier : depuis le temps qu'on se connaît c'est comme si on formait une grande famille et ça c'est vachement rock and roll.

RACHID - Tiens, en parlant de famille… Dis-lui !

ANATOLE - Quoi donc ? Ah oui ! C'est vrai… Ce soir, nous aurons deux invités supplémentaires.

ELVIS - Comment ça, deux invités ?

ANATOLE - J'ai de la famille qui débarque. D'ailleurs, ils ne devraient pas tarder à arriver.

ELVIS - C'est quoi ce plan ? C'est pas cool, ça. Tu sais bien, Anatole… On l'a toujours dit : pour la fête des voisins, on n'invite que les voisins. Si tu changes les règles du jeu, ça ne va pas le faire… À ce moment-là, moi aussi je peux inviter mes potes. Si tu veux qu'on fasse Woodstock, no problem, moi, je peux faire.

RACHID - Ne t'emballe pas, mon ami, ne commence pas à monter sur tes grands chameaux... Le gazou, il n'avait pas le choix ; ses cousins sont tombés en panne dans notre village. Mets-toi à leur place... Quand tu es dans le désert, tu cherches l'oasis, c'est normal... Ne t'inquiète pas, gazou, on va les mettre dans l'ambiance... Quand ils repartiront, ils sauront danser la danse du ventre et le rock and roll.

ELVIS - Et ils crèchent où, d'habitude, tes cousins ?

ANATOLE - Ils habitent à Neuilly, près de Paris.

ELVIS - Oh là là ! Parigots têtes de veaux, en plus !

RACHID - Ne sois pas raciste mon ami. Tu sais bien que je n'aime pas ça. Dis-toi que les amis de nos amis sont nos amis. Soyons accueillants avec les cousins et pour le reste comme on dit chez moi : « Inch'Allah ! »

ELVIS - T'es complètement dans le vrai, mon pote. Un moment je me suis pris un gros coup d'ampli dans la tête, heureusement que t'étais là pour baisser le son, sinon je partais en « live »... Bien sûr qu'il a raison le Rachid ! On va faire la fête avec les cousins, vu que c'est un cas de force majeure. Je suis sûr que ce sera vachement rock and roll.

La porte s'ouvre. Voix de Germaine. Elle porte un cabas.

GERMAINE - Ouh ! ouh ! Y a quelqu'un ?

ANATOLE - Non, non... Y a personne !... Entre, Germaine.

GERMAINE - Bonjour Anatole ! Bonjour Rachid ! *(À Elvis.)* T'es là, toi ? Je croyais que tu devais travailler ?

ELVIS - Ben oui, M'man ! J'suis juste passé dire bonjour !

GERMAINE - Quel fainéant ce gamin… Je lui demande d'essuyer la vaisselle, il me dit : « J'ai pas le temps, ils m'attendent pour travailler. » Et je le retrouve en train de s'arsouiller en plein après-midi.

ELVIS - Ce n'est pas de ma faute, M'man… Ils m'ont invité… J'allais tout de même pas refuser.

RACHID - Il n'allait tout de même pas refuser.

ANATOLE - C'est clair… Il n'allait tout de même pas refuser.

GERMAINE - Pas un pour racheter l'autre ! Tu parles d'une équipe ! Anatole, ta femme est là ? J'ai des salades du jardin, ça pourrait l'intéresser… Toi, je ne te demande pas puisque je vois que t'es plus habitué à manger dans ton verre que dans ton assiette.

ANATOLE - Oh ! Germaine ! Tu ne crois pas que tu exagères ? Ce n'est pas parce qu'on boit un petit coup qu'on est des pochtrons… De toute façon, on allait y aller quand t'es arrivée. Pas vrai les gars ? *(Rachid et Elvis acquiescent lourdement de la tête. Anatole montre la porte des chambres.)* Tu trouveras les filles par là ! Louisette est avec Fatima et Cynthia.

ELVIS - Au fait… M'man, tu connais pas la nouvelle ? Cynthia, elle attend un bébé.

GERMAINE - Un bébé ? Ce n'est pas vrai ! Oh ! que c'est mignon ! Un bébé ! *(À Elvis.)* Ce n'est pas toi qui me ferais un cadeau pareil ! Vous vous rendez compte ? Quarante ans et toujours pas de copine ! Qu'est-ce que t'attends pour en trouver une et me faire un bébé ? T'attends que je sois centenaire ou quoi ?

ELVIS - Bon, les gars, on y va ? Il est temps d'activer.

RACHID - Surtout quand on commence à parler des sujets qui fâchent, pas vrai le gazou ?

ELVIS - Oh! ça va Rachid! Ne commence pas à remettre un dinar dans la machine.

ANATOLE - Bon, les gars, je vous attends!

Il commence à ramasser ses ballons. Entrée de Louisette, Fatima et Cynthia.

LOUISETTE - Tu es encore là, toi?

ANATOLE - Justement on allait y aller.

LOUISETTE - Qu'est-ce que tu fais avec ces ballons?

ANATOLE - Tu sais bien! Je vais les accrocher dans le jardin.

LOUISETTE - Tu en gonfleras d'autres… Ceux-là, tu les laisses là.

ANATOLE - Mais pourquoi?

LOUISETTE - T'as voulu que tes cousins viennent, alors moi je soigne l'intérieur de ma maison. Si on reçoit du monde, je veux que ce soit aussi joli dedans que dehors.

ANATOLE - Après tout! Comme tu veux… Ça y est? On est parti?

ELVIS - Passe devant, on te suit.

RACHID - À plus tard les gazelles!

Ils sortent.

LOUISETTE - Bonjour Germaine! Ça va bien?

GERMAINE - Bonjour, toi! *(Elle l'embrasse, puis se tournant vers Fatima et Cynthia.)* Ça va les filles? *(À Cynthia.)* Dis donc, toi ! Je sais bien qu'on ne s'est pas beaucoup vues ces temps-ci mais… Je viens d'en apprendre une bien bonne à ton sujet.

CYNTHIA - Ah bon? Tu connais déjà la nouvelle… Et moi qui voulais te faire une surprise.

GERMAINE - Tu parles d'une surprise ! Faudrait être aveugle pour ne pas deviner. *(Louisette et Fatima commencent à accrocher des ballons.)* C'est joli tout ces ballons !... Mais il en faudrait deux ou trois en plus.

CYNTHIA - Elle n'a pas tort, la Germaine... Deux ou trois en plus, ça ferait plus joli. Attendez ! Je vais en gonfler un. *(Elle prend un ballon et entreprend de le gonfler. Après de nombreuses contorsions et plusieurs tentatives, elle abandonne.)* C'est un truc de fou, ce machin ! Faut être champion olympique pour pouvoir gonfler un engin pareil !

GERMAINE - Arrête de souffler comme ça sinon le bébé va te tomber dans les chaussettes. Laisse faire les vieux. *(Elle prend un ballon et le gonfle en un rien de temps.)* Et voilà le travail !

CYNTHIA - Dis donc ! Toi quand tu souffles, ce n'est pas pour jouer.

GERMAINE - Eh non... Souffler n'est pas jouer.

CYNTHIA - Qu'est-ce que tu racontes ?

GERMAINE - Ne cherche pas à comprendre, tu vas te fatiguer les neurones.

On sonne à la porte.

LOUISETTE - Oh là là ! Ce doit être eux... Et Anatole qui n'est pas là pour les recevoir... Mais qu'est-ce qu'il fait l'animal ?... Pourtant, du jardin, il aurait dû les voir.

GERMAINE - Arrête de te poser des questions. Fais comme Cynthia, jamais deux choses à la fois... Va d'abord ouvrir, tu réfléchiras après.

CYNTHIA - Je fais ça, moi ? C'est vrai que t'as raison... Maintenant que tu me le dis... C'est dur de faire deux choses à la fois... Des fois, on ne s'en rend pas compte mais il faut rester drôlement concentré… Prends un exemple… Quand tu fais du vélo, il faut pédaler et tenir le guidon, c'est quand même sacrément compliqué, quand on y pense.

La sonnette retentit à nouveau.

LOUISETTE - Oui! Oui! J'arrive! *(Elle ouvre pour accueillir Marie-Chantal. D'allure masculine, elle porte sur elle un bleu de travail.)* Ah! c'est toi!

MARIE-CHANTAL - Ben oui… C'est moi… Désolée! Ce n'est que moi… Ce n'est pas grave… Ça fait toujours plaisir un accueil comme celui-là… Je sais bien que je ne suis pas la princesse de Monaco, mais tout de même!

LOUISETTE - Mais non… Ne te vexe pas… C'est à cause des cousins… Tu comprends…

MARIE-CHANTAL - T'inquiète ma poule! Je rigole! Ça va? *(Elle l'embrasse.)* Et vous les filles, la forme? *(Elle embrasse Germaine, Fatima puis apercevant Cynthia.)* Et toi? Ça fait un bail que je ne t'ai pas vue… *(Lui touchant le ventre.)* Dis-moi… On dirait que t'es passée à la station de gonflage avant de venir.

CYNTHIA - Tu ne sais pas? J'attends un bébé.

MARIE-CHANTAL - Ah bon? Je n'aurais pas cru!… Et moi qui pensais que t'avais avalé le bonhomme Michelin!

LOUISETTE - Au lieu de dire des bêtises, dis-nous plutôt ce que tu as fait des cousins.

MARIE-CHANTAL - Ils sont restés dehors pour faire pisser Youki.

LOUISETTE - Pardon?

MARIE-CHANTAL - Ils ont une bestiole, un genre de petit chien à sa mémère… Il s'appelle Youki. Ils en sont complètement gagas.

Et le Youki par-ci… Et le Youki par-là… Je ne t'en dis pas plus, tu jugeras par toi-même.

Louisette - S'il n'y a que ça, ce n'est pas très dérangeant… Vois-tu, j'aurais même tendance à trouver cela plutôt sympathique. Peut-être n'ont-ils pas eu d'enfants et ils auront alors reporté leur affection sur leur petit chien.

Marie-Chantal - Le seul problème c'est qu'ils n'ont peut-être pas compris tout à fait la différence entre une personne et un chien…

Louisette - Que veux-tu dire ?

Marie-Chantal - Simplement qu'ils auraient tendance à parler à leur clébard comme à une personne. Après tout, pourquoi pas ? Chacun fait comme il veut… Mais ils auraient aussi tendance à parler aux personnes comme à un chien… Et ça, vois-tu, c'est déjà plus embêtant.

Fatima - Tu veux dire qu'ils ne sont pas polis ?

Marie-Chantal - Ah non… Pas vraiment.

Louisette - Probablement ont-ils roulé longtemps ce qui expliquerait leur impolitesse.

Marie-Chantal - Ce n'est pas une excuse… Regarde les galets par exemple… Eh ben, les galets, plus ils roulent, plus ils sont polis.

Cynthia - Mais qu'est-ce que les galets viennent faire avec les cousins ?

Fatima - Laisse… Ce n'est pas important.

Cynthia - C'est toujours pareil ! Moi, on ne m'explique jamais rien.

Marie-Chantal - Au fait… Les cousins, ils sont de ton côté ou du côté d'Anatole ?

LOUISETTE - Ils sont du côté d'Anatole, moi je ne les connais même pas. En tous les cas, si ce que dit Marie-Chantal est vrai, ça promet ! Pourquoi faut-il qu'ils débarquent aujourd'hui ? J'espère qu'ils ne vont pas nous gâcher la fête.

FATIMA - Comme on dit chez nous : « Ne commence pas à traiter ton voisin de chacal avant de l'avoir connu. » Laisse-les venir après tu verras bien.

MARIE-CHANTAL - Je ne voudrais pas vous décourager mais à mon avis c'est tout vu. Des clients comme ça, il ne faut pas deux plombes pour se faire une opinion. En plus, pas de bol ! Ils ont pété leur courroie de distribution et je crois bien que la pompe à injection en a pris un sacré coup sur le museau et ça, croyez-moi, ça ne se répare pas en cinq minutes.

LOUISETTE - Mais alors ?

MARIE-CHANTAL - Alors ça veut dire que tu risques de les avoir sur les bras quelques jours.

LOUISETTE - Pauvres de nous ! C'est affreux ! Je ne les connais pas et déjà je ne peux plus les sentir.

GERMAINE - Tu commences à crier avant d'avoir reçu le moindre coup de bâton. Attends de voir… Si cela se trouve, l'impression de Marie-Chantal est parfaitement injustifiée.

CYNTHIA - C'est vrai… Peut-être que ce n'est pas juste… Comme on dit : « Il ne faut pas se fier aux apparences. » Regarde, moi par exemple… Si ça se trouve, y en a, quand ils me voient pour la première fois, ils pensent que j'ai fait des grandes études de docteur ou d'avocat… Tiens ! L'autre jour, j'ai rencontré un charmant garçon… Il m'a dit : « Vous ne seriez pas chimiste par hasard ? Ce n'est pas vous qui avez inventé la poudre ? » Je vous jure, il me l'a dit.

Fatima - Louisette ! Écoute-moi ! Rien ni personne ne pourra nous empêcher de faire la fête alors ne t'affole pas ! Et surtout rappelle-toi que les copines sont là pour te soutenir. Pas vrai les filles ?

Toutes - Ouais !

Entrée d'Anatole.

Louisette - Qu'est-ce que tu fiches ? Ils ne sont pas avec toi ?

Anatole - Qui ça ?

Louisette - Ben, tes cousins, pardi ! Tu ne les as pas vus ?

Anatole - Je ne sais pas… J'étais dans l'arbre en train d'accrocher des ballons mais ces andouilles de Rachid et d'Elvis ont retiré l'échelle… Il a fallu que je me débrouille tout seul pour descendre.

Louisette - Ça, c'est bien toi ! Monsieur fait le guignol dans les arbres au lieu d'accueillir ses cousins. *(On sonne à la porte.)* Ce doit être eux ! Eh bien, qu'attends-tu pour aller ouvrir ?

Anatole - Voilà ! Voilà ! J'arrive !

Fin du premier acte

Acte Deux

Sur scène, Louisette, Anatole, Marie-Chantal, Fatima, Germaine et Cynthia. Anatole se déplace pour aller ouvrir. Entrée d'Hippolyte et de Clotilde.

ANATOLE - Entrez ! Entrez les cousins ! Ne restez pas sur le palier !

Hippolyte et Clotilde entrent. Hippolyte porte une caisse en osier. On devine que Youki y est enfermé.

HIPPOLYTE *(à Marie-Chantal)* - Vous avez les clés de votre dépanneuse ?

MARIE-CHANTAL - Ben oui ! Pourquoi ?

HIPPOLYTE - Parce que je n'ai pas envie qu'elle soit volée. Figurez-vous qu'elle transporte mon véhicule et mes bagages. Vous comprendrez que je m'inquiète quand je vous dirai que je viens de voir deux individus bizarres sortant du jardin… Des types pas nets… Un blouson noir et un Maghrébin… Ils portaient une échelle et riaient comme des malades. Il ne fait pas de doute que l'échelle, ils vous l'ont dérobée.

FATIMA - Un Maghrébin dites-vous ? C'est mon mari.

GERMAINE - Le blouson noir ? C'est mon fils.

Cynthia - L'échelle ? C'est la mienne.

Fatima - Nous devrions aller rejoindre la racaille parce que si on compte sur eux pour que le travail avance, on n'a pas fini d'attendre.

Germaine - Ouais ! Ce n'est pas faux ce que tu dis… Ceux-là, il vaut mieux les superviser.

Cynthia - Attendez-moi !

Anatole - Ne partez pas si vite ! Nous n'avons pas fait les présentations.

Germaine - Y en a qui n'ont pas besoin d'être présentés tellement ils sont identiques à l'idée qu'on s'en faisait.

Cynthia - Ouah ! Elle est bien ta phrase ! Je ne comprends pas… mais elle est bien.

Fatima - On vous laisse vous installer… Louisette, je reviens tout à l'heure… J'apporterai les gâteaux.

Elles sortent.

Anatole *(aux cousins)* - Vous aurez l'occasion de les revoir, elles et les autres lascars… Vous tombez bien ! Ce soir, on fait la fête. Vous allez voir, on va bien rigoler… Alors cousin ? Dis donc ! Ça fait une paie ! Je ne t'aurais pas reconnu ! Ça va bien ? On s'embrasse ?

Hippolyte - Euh… si tu veux.

Anatole lui prodigue trois ou quatre bises sonores.

Anatole - Et voilà la cousine !

Hippolyte - Je te présente Clotilde, mon épouse.

Anatole - Bonjour cousine ! *(Il la prend par les épaules et lui claque trois ou quatre bises la laissant quelque peu médusée, puis* *se tournant vers Louisette.)* Alors Louisette ? Viens dire bonjour à la famille !

> *Louisette s'approche et les embrasse avec nettement moins d'effusion, se contentant de deux bises rapides.*

ANATOLE - Alors ? Comme ça, vous étiez en vacances dans la région ?

HIPPOLYTE - Non, pas du tout ! Nous étions de passage… Que veux-tu que nous fassions dans un endroit pareil ? Ne le prenez pas mal mais avouez que vous habitez vraiment un trou perdu.

LOUISETTE - C'est peut-être un petit village mais nous, on s'y plaît bien.

CLOTILDE - Tout de même, cela paraît assez… spécial. Comment dois-je le dire… Cela semble très cosmopolite.

ANATOLE - Ah bon ?

CLOTILDE - Je veux dire… la population semble très bigarrée.

ANATOLE *(ne connaissant manifestement pas le mot)* - Maintenant que vous me le dites… C'est vrai qu'on a toujours été très bigarré par ici… *(À Louisette.)* Surtout toi, d'ailleurs.

LOUISETTE - Oui mais… ça ne m'empêche pas d'être cosmopolite.

ANATOLE - Comme on dit : « Cosmopolite pour être honnête. » N'est-ce pas Marie-Chantal ?

MARIE-CHANTAL - Tu l'as dit bouffi ! Dis donc ! C'est pas toi qui m'as dit que tu payais un coup ?… Sans te bousculer, si t'es toujours d'accord, c'est maintenant parce que après j'ai du boulot.

ANATOLE - Qu'est-ce qu'il y a Marie-Chantal ? T'as les biellettes qui ne sont plus lubrifiées, c'est ça ? Allez ! Venez donc par là ! On va boire un coup.

HIPPOLYTE - Ne traînez pas trop ! Nous aimerions que le travail se fasse rapidement. Vous imaginez bien que nous n'allons pas passer toutes nos vacances ici !

MARIE-CHANTAL - Ça ne sert à rien de s'exciter, mon petit monsieur ! Il n'y a pas le feu au lac… De toute façon, le temps de commander les pièces, il y en a au moins pour trois, quatre jours.

CLOTILDE - Trois ou quatre jours ! C'est affreux ! Hippolyte ! Nous n'allons pas rester dans cette… dans ce…

LOUISETTE *(agressive)* - De quoi ?

CLOTILDE - Non… Je veux dire… Hippolyte… Il serait inconvenant de déranger tes cousins aussi longtemps… De plus, si vous avez vos amis…

HIPPOLYTE - Oui… Bien évidemment… Nous ne pouvons rester…

Anatole, entre-temps, a servi un verre de rosé à chacun. Il tend les verres.

ANATOLE - Tenez ! En attendant, goûtez-moi ça ! Attention ! Contact !

MARIE-CHANTAL et LOUISETTE - Contact !

ANATOLE - Moteur !

MARIE-CHANTAL et LOUISETTE - Moteur !

TOUS - Eeeeeeeeeeeeeeet santé !

Ils boivent d'un trait sous le regard stupéfait d'Hippolyte et de Clotilde.

ANATOLE - Ben quoi ? Vous ne buvez pas ?

HIPPOLYTE *(posant son verre)* - Dis-moi, aurais-tu un annuaire ? Nous allons chercher un hôtel. C'est ce que j'aurais dû faire tout de suite… Je me rends compte que c'est une très mauvaise idée que j'ai eue de te déranger.

CLOTILDE - Oh oui ! Hippolyte, trouvons un hôtel.

ANATOLE - Quelle drôle d'idée que de vouloir aller à l'hôtel alors que vous pouvez compter sur la famille.

LOUISETTE - D'un autre côté, s'ils veulent aller à l'hôtel…

HIPPOLYTE - Oui, je pense que ce sera mieux ainsi.

MARIE-CHANTAL - Vous ne trouverez pas.

HIPPOLYTE - Comment cela, « vous ne trouverez pas » ?

MARIE-CHANTAL - Parce que cette semaine, tout est complet.

ANATOLE - Ah ! ben oui ! Je n'y pensais plus.

LOUISETTE - Ah oui ! Là, ce n'est même pas la peine de chercher. Il n'y aura pas un hôtel, pas une chambre d'hôtes. À cette heure-ci, c'est sûr qu'il ne reste rien de rien.

CLOTILDE - C'est insensé ! Vous n'allez pas nous faire croire que vous habitez une région suffisamment touristique qui justifie de faire le plein à cette saison.

MARIE-CHANTAL - D'habitude c'est calme mais cette semaine, ce n'est pas pareil.

LOUISETTE - C'est sûr qu'il va y avoir de l'animation… Ils l'ont dit dans le journal.

ANATOLE - Non seulement ils l'ont dit mais ils l'ont écrit… Quatre-vingt mille personnes… Rendez-vous compte… Ils attendent quatre-vingt mille personnes… Ça va être grandiose. Les gens par ici attendent ça depuis des mois… C'est sûr que ça va se bousculer au portillon.

HIPPOLYTE - Et quel est donc cet événement qui suscite un tel engouement ?

ANATOLE - Les championnats du monde de cracheurs de noyaux… Ça dure trois jours et ça a lieu à dix kilomètres d'ici… Un sacré bol qu'on a… Il y a quatre ans, ça se passait en Espagne… Faut que je vous explique… Les Espagnols, ce sont les grands favoris… Miguel Ramirez, vous connaissez ? Non ? Pourtant vous devriez… Double champion olympique, couronné trois fois au championnat du monde… Une terreur… Sa spécialité, c'est le craché de noyaux d'olives… Aux derniers championnats, il a craché dix mètres quarante-trois ! Dix mètres quarante-trois ! Ça, c'est un record qui risque de tenir longtemps.

MARIE-CHANTAL - En craché d'olives, faut pas rêver, on a aucune chance… Mais en craché de pruneaux… On n'est pas si mauvais… Pourquoi pas un Français sur le podium… Hein ? Qu'est-ce que t'en dis ?

ANATOLE - Pourquoi pas ?

MARIE-CHANTAL - En tous les cas, moi, demain, je serai aux premières loges. Pas question de rater ça !

CLOTILDE - Vous voulez dire que votre garage va être fermé ?

HIPPOLYTE - Et notre réparation ?

MARIE-CHANTAL - Eh bien, elle attendra votre réparation… Qu'est-ce que vous voulez que je vous dise ? Quand c'est fermé, c'est fermé. Je vous ai déjà expliqué. De toute manière, je n'ai pas les pièces…

ANATOLE - Ce n'est pas grave les cousins ! Vous n'aurez qu'à venir avec nous.

Hippolyte et Clotilde lèvent les yeux au ciel sans rien dire.

LOUISETTE *(à Marie-Chantal)* - Tu te souviens qu'Elvis concourt dans les épreuves amateurs ? Il ne faudra pas oublier d'aller l'encourager.

MARIE-CHANTAL - Le Elvis ? Ah non ! Je ne savais pas… Et il concourt dans quelle catégorie ?

ANATOLE - Dans la catégorie noyaux d'avocats.

MARIE-CHANTAL - Avec sa tête de voyou, ça ne m'étonne pas qu'il ait choisi un avocat… Bon ! C'est pas qu'on s'ennuie mais le boulot, il ne va pas se faire sans nous… Allez ! À plus… De toute façon, je vous tiens au parfum. Salut !

ANATOLE et LOUISETTE - Au revoir Marie-Chantal !

Elle sort.

ANATOLE *(apercevant la caisse de Youki)* - Qu'est-ce que c'est que ça ? On dirait que ça bouge… *(Se penchant pour mieux voir.)* Oh ! mais on dirait que c'est un petit chien… Attends mon pépère, on ne va pas te laisser enfermé ; tu vas pouvoir te dégourdir les pattes.

CLOTILDE *(hurlant)* - N'ouvrez pas ! Ne touchez à rien !

ANATOLE - Ben quoi ? Qu'est-ce qu'il y a ?

HIPPOLYTE - Youki a très peur des gens… Le mieux serait que tu t'éloignes de la caisse. Si, si… Je t'assure.

CLOTILDE - Il n'est pas habitué à voir tant de monde et méfiez-vous si vous approchez, il pourrait vous mordre.

ANATOLE - Arrêtez ! J'ai peur ! Alors comme ça, vous me dites qu'il est aussi redoutable qu'un doberman ou qu'un rottweiler ? Eh bien… On va voir ça. Vous savez, les chiens, moi, ça me connaît.

HIPPOLYTE *(criant)* - Tu ne t'approches pas !

ANATOLE - Attends… Je ne vais pas le manger… Tu m'as vu, je ne suis pas Chinois… Je ne vais pas commencer à bouffer du clébard.

CLOTILDE *(parlant à la caisse)* - Oh ! quelle horreur ! N'écoute pas ce que dit le monsieur… Mais non, mon trésor ! Personne ne va te manger… Ne t'inquiète pas, Maman est là… Oui mon Youki, tu es beau… Tout à l'heure, Maman te fera plein de câlins…

HIPPOLYTE - Oui mon Youki ! Maman est là mais Papa est là aussi ! Oui, oui ! Papa est là ! *(Il fait plein de bisous sonores en direction de la caisse.)*

LOUISETTE - Tout de même… Vous n'allez pas le laisser tout le temps enfermé dans la caisse ?

CLOTILDE - Évidemment ! Quelle question ! S'il nous faut nous résoudre à… Enfin je veux dire… Si nous restons, il faudra bien lui trouver une pièce afin qu'il puisse être tranquille.

LOUISETTE - Des pièces de libres, ici, il n'y en a pas tellement… Y a la cave.

CLOTILDE - La cave ? Mon Dieu ! Vous n'y pensez pas ! Avec les rats et autres sales bêtes ! Brrr ! *(Elle frémit d'effroi.)*

ANATOLE - Qu'est-ce que vous racontez ? Je n'ai pas de rats dans ma cave… Par contre, j'ai mon pinard… J'espère qu'il ne boit pas votre chien ! Je ne voudrais pas qu'il me siffle tout mon bordeaux… Ne faites pas cette tête-là ! Je rigole ! Je sais bien que mon pinard ne craint rien… Et comme c'est moi qui ai gardé le tire-bouchon, je suis tranquille.

HIPPOLYTE - À part la cave, vous auriez une autre pièce à nous proposer ?

LOUISETTE - Il y a la chambre d'amis… À ce moment-là, il dormirait avec vous… Mais j'espère qu'il est propre… Vous comprenez, c'est de la moquette… Je ne voudrais pas…

CLOTILDE - Bien sûr qu'il est propre ! N'est-ce pas mon Youki que tu es propre ?

HIPPOLYTE *(pincé)* - Nous l'amenons chez le toiletteur toutes les semaines.

ANATOLE - Toutes les semaines ? Et qu'est-ce qu'il lui fait toutes les semaines, le toiletteur ?

HIPPOLYTE - Il le baigne, il le tond, il l'épile, il lui coupe les ongles, il le shampouine.

ANATOLE - Non ? Eh ben mon vieux, tu m'en diras tant ! *(S'adressant au panier.)* Hé, le chien ! Tu sais qu'on a un point commun tous les deux ? Moi aussi toutes les semaines, je me baigne, je m'épile, je me coupe les ongles et je me shampouine… C'est super ! Je suis sûr qu'on va devenir copains, hein le chien ? *(Il se frotte énergiquement l'oreille avec la main, à la manière d'un chien.)*

LOUISETTE - Anatole ! Arrête un peu tu veux bien !

ANATOLE - Regarde ! Je l'apprivoise. *(Il tourne autour du panier en reniflant à la manière d'un chien en poussant des petits jappements.)* Bouf ! Bouf !

Irruption de Cynthia.

CYNTHIA - Venez vite ! Venez vite ! Elvis ! Il s'est électrocuté !

ANATOLE - Bon sang de bonsoir ! C'est pas vrai ! Mais qu'est-ce qu'il a encore fabriqué, l'animal ? Les cousins, prenez cette porte et ensuite, première à gauche, vous trouverez la chambre d'amis… On revient !

37

Il sort, suivi de Louisette et Cynthia.

CLOTILDE - Mon pauvre ami ! Que sommes-nous venus faire dans cette galère ? Je me le demande.

HIPPOLYTE - Clotilde ! Faut-il te rappeler que nous n'avions pas le choix ? L'assistance auto ne nous prenait en charge qu'à partir de la gare qui se trouve à cinquante kilomètres d'ici et tu as bien vu, impossible de contacter un taxi dans cette région. C'est déjà miraculeux que nous ayons pu trouver un garagiste... Donc soyons patients... Tu l'as entendu comme moi : les hôtels sont complets... Que nous le voulions ou non, il ne nous reste que les cousins...

CLOTILDE - Cet Anatole... Il est si... Il est tellement... J'ai du mal à imaginer que vous soyez issus de la même famille.

HIPPOLYTE - Moi aussi, figure-toi ! Ma tante, une sœur à papa, a toujours été considérée comme l'excentrique de la famille... Un jour, elle s'est entichée d'un éleveur de chèvres... Une espèce d'écolo de l'époque... C'est ainsi qu'elle est arrivée dans le coin et qu'elle y a fait des enfants... La tante, je ne l'ai personnellement jamais vue ; quant au fils, je me souviens vaguement l'avoir entra-perçu à une fête de famille mais j'avoue ne pas avoir entretenu de relations particulières avec lui... Pour tout te dire, je m'étonne d'avoir réussi à mémoriser le nom de ce patelin et d'avoir réussi à l'associer avec le nom de mon cousin.

CLOTILDE - Hippolyte, ne le prends pas mal mais je t'assure que j'ai l'impression de me retrouver au sein d'une tribu primitive... Leurs mœurs sont tellement particulières... As-tu vu leur manière de boire ? Et ils ont l'air de s'extasier devant des jeux barbares... Comment appellent-ils cela déjà ?

HIPPOLYTE - Le craché de noyaux.

CLOTILDE - Ah oui ! C'est cela ! Le craché de noyaux...

HIPPOLYTE - Je me demande si le cousin n'a pas adopté la manière de vivre de ses hippies de parents. Bien qu'ils vivent en lotissement, cette proximité avec les voisins… C'est tout de même bizarre, tu ne trouves pas ?

CLOTILDE - Je ne te le fais pas dire.

HIPPOLYTE - Et même les types louches qui couraient avec l'échelle seraient des amis… As-tu seulement regardé leurs têtes ? Des vraies têtes de délinquants ! Tout cela paraît incroyable.

CLOTILDE - En effet, tous ces gens ont l'air d'avoir l'esprit communautaire assez développé… Enfin… Nous verrons bien… Du moment que personne ne s'avise de faire du mal à notre Youki, c'est le principal. *(Se penchant vers la caisse.)* Oui mon bébé… Maman est là ! Tu en as assez d'être dans ta caisse ? Tu voudrais te dégourdir les papattes ? Oui mon bébé ! On va y aller. Hippolyte, veux-tu bien porter Youki, s'il te plaît ?

HIPPOLYTE - Bien sûr, ma chérie… Allons découvrir la chambre d'amis. J'espère que le motif de la tapisserie ne fera pas faire de cauchemars à notre Youki.

> *Ils sortent vers les chambres. Au même moment, arrivée d'Anatole et Rachid qui soutiennent Elvis. Celui-ci semble hébété et a les cheveux qui pointent vers le ciel. Ils sont suivis de Cynthia et Louisette.*

RACHID - Aïe aïe aïe ! Mon gazou, ne t'inquiète pas, ça va aller.

ANATOLE - Il a l'air bien secoué ! Aide-moi… On va l'asseoir.

CYNTHIA - Vous avez vu ses cheveux ? Ils sont encore tout électrocutés.

LOUISETTE - Le pauvre ! Il a l'air d'avoir du mal à s'en remettre.

ANATOLE - Oh ! Elvis ! Ça va ? Dis quelque chose, bon sang !

ELVIS *(sortant un tout petit peu de sa torpeur, il articule péniblement)* - « Be-bop-a-lula she's my baby, be-bop-a-lula I don't mean maybe… »

CYNTHIA - Qu'est-ce qu'il dit ?

ANATOLE - Qu'est-ce que tu dis ?

ELVIS *(visiblement encore secoué, il répète toujours sur un ton monocorde)* - « Be-bop-a-lula she's my baby, be-bop-a-lula I don't mean maybe… »

ANATOLE - Il délire complètement le gars ! Il a dû se prendre un sacré coup sur la carafe ! Vous entendez ? On ne comprend même plus ce qu'il dit ! Voilà qu'il parle en charabia maintenant !

RACHID - Ce n'est pas du charabia… Le gazou, il chante en anglais, tu ne connais pas ?

ANATOLE - C'est de l'anglais, ça ? Mon œil ! Pourquoi pas de l'arabe pendant que tu y es !

RACHID - Je t'assure mon ami, je dis la vérité… Sur la vie de ma mère, je te jure que c'est la vérité.

ANATOLE - Bien sûr ! Je vais te croire !

LOUISETTE - Cessez donc de jacasser deux secondes ! Rachid, explique-nous plutôt ce qui s'est passé.

RACHID - Tu sais gazou, moi, je mettais les chaises autour des tables dans le jardin et puis la gazelle est arrivée. Elle m'a demandé où il était le Elvis, je lui ai dit qu'il était dans le garage ; alors elle est entrée et elle a dit : « Mais il fait noir ici ! »

CYNTHIA - C'est vrai, il faisait noir.

RACHID - Elvis il a dit : « C'est normal, j'ai coupé le disjoncteur. » Alors la gazelle, elle a dit : « C'est quoi le disjoncteur ? » Elvis, il a dit : « C'est le bouton rouge, là ! » C'est là que la gazelle, elle a dit : « Ne bouge pas ! Je vais le remettre comme ça tu verras mieux. » Et elle l'a fait !

CYNTHIA - Ben j'savais pas. Comme il faisait noir, je voulais juste l'éclairer.

ANATOLE - Pour être éclairé, il a dû être éclairé. C'est clair !

RACHID - Quand je suis arrivé, il fallait le voir le gazou… Il s'agitait de partout et il dansait sur place… Sur la vie de ma mère, encore plus fort que Michael Jackson… Et la gazelle, elle le regardait.

CYNTHIA - Ben oui !

RACHID - J'ai crié : « Coupe ! » Et elle, elle me dit : « Coupe quoi ? » Alors, j'y suis allé, sinon à cette heure-ci, le gazou, il danserait encore.

CYNTHIA - De toute façon, je ne pouvais rien couper, je n'avais pas de ciseaux.

RACHID - Mais non, gazelle ! Ce n'est pas ça que…

LOUISETTE - Laisse tomber, va !… Elvis ! Tu m'entends ?

ELVIS - « Be-bop-a-lula… »

ANATOLE - C'est bon ! Tu l'as déjà dit… Attends ! On va essayer autre chose. *(Il prend un verre, le remplit et le place dans la main d'Elvis.)* Contact ! *(Elvis, comme un automate, porte le verre au niveau de son ventre.)* Moteur ! *(Elvis porte son verre au niveau du menton.)*

TOUS - Eeeeeeeeeeet…

ELVIS *(d'une voix soudainement forte et claire)* - … santé ! *(Il vide son verre d'un seul trait.)* Ah ! ça fait du bien !

ANATOLE - Ça va Elvis ?

ELVIS - Ben oui ! Pourquoi ?

LOUISETTE - Tu te sens bien ?

ELVIS - Ben oui !

ANATOLE - T'es sûr que tu te sens bien ?

ELVIS - Ben oui ! Pourquoi ? Je sens mauvais ? *(Il prend un bout de sa chemise et le renifle.)*

CYNTHIA - Alors là ! Non… Tu sais Elvis, moi, j'adore ton odeur.

ELVIS - C'est vrai, Cynthia ? T'es gentille de me dire ça.

ANATOLE - En voilà un qui n'est pas rancunier ! Elle a failli le trucider et il la trouve gentille ! Non… Sans rire… Tu ne te rappelles plus ? Tout de même ! T'es au courant que t'as pris du courant ?

ELVIS - Ben non !

ANATOLE - Incroyable ! Elvis le roi de l'électricité est devenu complètement « à la masse » !

LOUISETTE - Il a été secoué, c'est normal, mets-toi à sa place… Elvis, si tu veux je peux te faire un café.

ANATOLE - Un petit jus, ça te dit ?

RACHID - Gazou, tu ne crois pas que du jus, il en a eu assez ?

Irruption d'Hippolyte et de Clotilde.

HIPPOLYTE - Youki ! Youki est passé par la fenêtre !

CLOTILDE - Dépêche-toi ! *(Hystérique, elle hurle.)* Youki ! Youki !

Ils sortent, suivis d'Anatole, Louisette et Rachid.

ELVIS - Qu'est-ce qu'ils font ?

Cynthia - Ils crient et ils courent.

Elvis - Oui, j'ai bien vu, mais pourquoi ?

Cynthia - Je ne sais pas… Ce doit être un jeu.

Elvis - La vache ! C'est drôlement rock and roll !

Cynthia - Elvis, tu m'en veux ?

Elvis - De quoi ?

Cynthia - De t'avoir électrocuté.

Elvis - Cynthia ! Faut que je te dise… Tu sais… Ça fait déjà longtemps que tu m'électrises.

Cynthia - Qu'est-ce que tu veux dire, Elvis ?

Elvis - Je veux dire que j'ai un super bon « feeling » avec toi, Cynthia… En fait, tu me branches !

Cynthia - Tu sais… Je n'ai pas fait exprès.

Elvis - De quoi ?

Cynthia - Ben de te brancher ! Heureusement que Rachid était là pour te débrancher.

Elvis - Non… Je ne parle pas de ça… Comment te dire… Quand je dis que tu me branches, je veux dire… que t'es vachement rock and roll. Tu saisis ?

Cynthia - Non.

Elvis - Cynthia, tes yeux sont comme un lac où mon regard se noie.

Cynthia *(se mettant en colère)* - Ça veut dire quoi tout ça ? Que j'ai la tête pleine d'eau ? C'est ça ? Fais gaffe Elvis ! Ce n'est pas parce que je t'ai branché un petit peu qu'il faut commencer à me dire n'importe quoi !

ELVIS - Te fâche pas, Cynthia ! Je suis en train de te dire un compliment.

CYNTHIA - Ouais ? Ben trouves-en un autre parce que celui-là, il ne me plaît pas… Mes yeux : un lac ! N'importe quoi !

ELVIS - Attends… Attends… Je vais trouver… Ton ventre est comme un ballon qui te fera t'envoler aussi haut qu'un cerf-volant.

CYNTHIA - Tu veux que je m'envole, c'est ça ? *(Elle bat des mains comme si elle battait des ailes.)* Cui-cui ! Cui-cui ! Je suis un petit moineau. Je vole ! Je vole ! *(Elle se déplace dans la pièce.)* Comment que tu dis ? Aussi haut que quoi ?

ELVIS - Un cerf-volant !

CYNTHIA - Un cerveau lent ? T'as déjà vu des cerveaux voler, toi ? Elle est nulle ta phrase. En plus des cerveaux… lents ! Ils doivent monter drôlement vite tes cerveaux lents.

ELVIS - Attends ! Attends ! J'ai trouvé ! Petit moineau, quand tu t'envoles, je te regarde et tu m'apaises, je suis serein.

CYNTHIA - Tu es serin ? Ah oui ! Ça je connais ! C'est comme dans Titi et Grosminet… « Titi, envole-toi avec moi, j'ai clu voil un glos matou ! » Allez ! Viens mon serin ! Cui-cui !

Elle fait semblant de battre des ailes, bientôt imitée par Elvis. Tous deux se déplacent ainsi dans la pièce. Entrée de Germaine, Fatima et Rachid. Ils portent plats et bouteilles.

CYNTHIA et ELVIS - Cui-cui ! Cui-cui !

Elvis, à la vue de sa mère, s'arrête. Cynthia, qui ne les a pas remarqués, continue à battre des ailes jusqu'à ce qu'elle s'aperçoive de leur présence.

GERMAINE *(ironique)* - Non, mais continuez ! Faites comme si on n'était pas là !

RACHID - Vous pouvez continuer, ce n'est pas encore l'ouverture de la chasse… Vous ne risquez rien.

FATIMA - Qu'est-ce que vous faisiez ? C'est une chorégraphie pour la fête de ce soir ?

CYNTHIA - Non… On jouait aux oiseaux.

GERMAINE *(toujours ironique)* - Aux oiseaux… Voyez-vous cela… C'est très intéressant.

CYNTHIA - Moi j'étais un moineau… *(Rachid hurle de rire.)* Ben quoi ! Qu'est-ce qui te fait rire ?

RACHID - Aïe aïe aïe ! Vous avez vu la gueule du moineau ? *(Il rit à nouveau.)*

ELVIS - Fais attention Rachid ! J'aime pas qu'on se moque de Cynthia !

RACHID - Je ne me moque pas, gazou… Je rigole juste un petit peu.

ELVIS - J'aime pas qu'on rigole juste un petit peu.

RACHID - Aïe aïe aïe ! Calme-toi mon ami… Je te jure, j'ai rien fait de mal.

FATIMA - Quand on n'a pas de bosse, on ne rit pas comme un bossu. Tu réfléchiras la prochaine fois et toi, Elvis, calme-toi ! Tu sais très bien qu'ici personne n'irait faire du mal à Cynthia… Tu peux rester serein.

CYNTHIA - Ouah ! Fatima ! Toi, t'es trop forte ! Comment t'as deviné qu'il était serin ?

FATIMA - Comment cela ?

Cynthia - Ben oui… Moi, j'étais moineau et lui, Elvis, il était serin… Et toi, tu viens de dire : « Tu peux rester serin. » C'est dingue, non ?

Fatima - Quand je disais serein, je voulais parler de sérénité… Sérénité, tu connais ?

Cynthia - Ah non… Celui-là, je ne le connais pas… Moi, je connais Titi… Tu sais, Titi le canari serin dans « Titi et Grosminet »…

Fatima - Ça n'a rien à voir… Vois-tu, la sérénité, c'est autre chose…

Germaine - Fatima, à mon avis, tu ne devrais pas te lancer à cette heure dans des explications qui risqueraient d'encombrer la cervelle du moineau. On peut peut-être garder ça pour le dessert, d'accord ? Alors, on va laisser les oiseaux s'envoler et on va revenir sur terre… Elvis, je te rappelle que tu as une prise à réparer sinon ce soir, on va se retrouver avec des lampes à huile.

Rachid - Des lampes à huile à…

Germaine - Des lampes à huile à Rachid… Oui, on sait… *(À Rachid.)* Dis donc ! Tu vas nous la sortir combien de fois celle-là ? Et le serin ? Il va y aller ? Ou il pense faire son nid ici ?

Elvis - C'est bon ! J'y vais !

Germaine - Elvis ! T'en profiteras pour te passer un coup de peigne parce que là, on a vraiment l'impression que tu t'es coiffé avec un pétard.

Cynthia - Oh non ! Touche à rien ! J'adore ta nouvelle coiffure ! Ça fait beaucoup plus « djeun's » !

Elvis - C'est vrai Cynthia ? Tu le penses vraiment ?

Cynthia - Bien sûr Elvis ! Dis-moi, je peux t'accompagner ? Cette fois-ci, promis, je ne touche à rien.

Elvis - Tu vas voir, je suis le « king » du câblage ! Je vais te câbler tout ça en moins de deux. *(Il prend la main de Cynthia et il chante en sortant d'une façon très distincte.)* « Be-bop-a-lula she's my baby… »

Rachid - Aïe aïe aïe ! Vous avez vu ? Le serin, il a l'air gai comme un pinson.

Germaine - Ouais ! De sacrés drôles d'oiseaux ! J'ai l'impression que le Elvis depuis qu'il a vu que le moineau était enceinte, ça l'a rendu drôlement nerveux. T'as bien vu, le serin a failli te voler dans les plumes.

Rachid - Il m'a fait peur… On a vraiment frôlé la prise de bec.

Germaine - N'exagère pas ! Tu sais très bien qu'Elvis ne ferait pas de mal à une mouche… J'ai l'impression qu'il n'y a personne.

Rachid - Ils doivent encore être avec les cousins en train de chercher le Youki.

Germaine - Parle-moi en français, tu veux bien… Youki… Moi, je ne le connais pas ce mot-là !

Fatima - Youki, ce n'est pas un mot arabe ; ce doit être le nom de leur chien.

Rachid - Mais oui ! Fatima, ma colombe, ma gazelle… Toi, tu as vraiment l'intelligence !

Germaine - Et moi ? J'ai quoi ?

Rachid - Toi ?… Eh bien… Tiens… Je crois bien qu'ils arrivent.

Entrée d'Anatole, Louisette, Hippolyte et Clotilde.

HIPPOLYTE *(à Rachid)* - Alors ? Vous avez des nouvelles ?

RACHID - Des nouvelles de quoi ?

HIPPOLYTE - Mais de Youki ! Vous l'avez cherché, au moins ?

RACHID - J'ai cherché mais je n'ai pas trouvé.

GERMAINE - Vous affolez pas ! Votre chien, il n'a que quatre pattes pour avancer donc il n'a pas dû aller bien loin.

RACHID - C'est sûr qu'il n'est pas encore arrivé à Tataouine. Il va revenir.

GERMAINE - Sauf s'il s'est fait écraser.

CLOTILDE - Comment cela écrasé ?

GERMAINE - Ben écrasé par une bagnole, pardi ! Un chien, ça n'a pas appris le code de la route, ça ne regarde pas les panneaux… Une petite virée au milieu de la route et il en a pas pour longtemps à se transformer en chair à saucisse.

HIPPOLYTE - Je n'ose imaginer…

GERMAINE - Tiens ! J'en ai vu un pas plus tard qu'hier… Je vous jure, ce n'était pas beau à voir.

HIPPOLYTE *(hurlant)* - Ça suffit! Taisez-vous !

CLOTILDE *(à Rachid)* - Et vous ? Vous avez cherché où ? Ici ?

RACHID - Un peu par ici… Un peu par là-bas… Un peu partout.

HIPPOLYTE *(à Clotilde)* - Laisse, Clotilde ! On aurait dû s'en douter… Ces gens-là, on ne peut pas leur faire confiance.

RACHID - Aïe aïe aïe !

ANATOLE - Attention à ce que tu dis cousin ! Ne commence pas à critiquer mes amis, tu veux bien ?

HIPPOLYTE - Je dis ce que je veux !

FATIMA *(s'approchant d'Hippolyte)* - Vous avez raison de vous méfier... Les Arabes, je les connais, ils sont tous fourbes et cruels... Ils ont tous une kalachnikov cachée sous leur djellaba, prêts à tuer le premier venu... Et quand ils trouvent un chien, ils le prennent pour le mettre dans le couscous.

HIPPOLYTE - Je n'ai pas dit cela.

LOUISETTE - Vous ne l'avez pas dit mais vous avez dû le penser tellement fort qu'on a tous entendu.

ANATOLE - Ouais !

RACHID, FATIMA et GERMAINE - Ouais !

Irruption d'Elvis. Il tient un morceau de bois à la main.

ELVIS - Je l'ai trouvé ! Je l'ai trouvé !

CLOTILDE - Oh ! mon Dieu ! Ce n'est pas vrai !... Où était-il ?

ELVIS - Il était dans le garage.

ANATOLE - Dans le garage ? Mais où ça ?

ELVIS - Sous l'établi... Figurez-vous qu'il était coincé sous l'établi. Impossible de le voir sans se baisser. Heureusement que j'ai fait tomber mon tournevis sinon il y serait encore.

CLOTILDE *(lui prend une main et la couvre de petits baisers)* - Merci monsieur ! Merci... Soyez béni... Merci.

ELVIS *(surpris mais se laissant faire)* - Ben y a pas de quoi m'dame ! Y a vraiment pas de quoi !

HIPPOLYTE - Vous dites qu'il était coincé sous l'établi ? J'espère qu'il n'est pas...

ELVIS - Pas abîmé ! C'est ça qui est dingue ! Exactement dans le même état qu'avant ! C'est fou, non ?

CLOTILDE - Dans le même état ! Oh ! merci monsieur !

Elle lui rebaise la main.

ELVIS - Il y a toujours pas de quoi, m'dame !

HIPPOLYTE - Dites-moi, il s'est laissé faire quand vous l'avez récupéré ?

ELVIS - Il s'est laissé faire ? Ouaf, ouaf ! Vous êtes un comique, vous !

HIPPOLYTE - Non. Pourquoi dites-vous cela ?

CLOTILDE - Où l'avez-vous mis ? Il faut aller le chercher…

ELVIS *(montrant le bout de bois)* - Pas la peine… Il est là !

HIPPOLYTE - Comment ça, il est là ? Qu'est-ce que c'est que ça ?

ELVIS - Ça comme vous dites, c'est un morceau d'un des cinquante fauteuils qui ont été cassés en 1966 quand James Brown est passé à l'Olympia ! Une pièce de collection !

Tous vont s'extasier pendant qu'Hippolyte et Clotilde restent atterrés.

ANATOLE - Ben dites donc ! James Brown 1966 ?

GERMAINE - Authentique ! C'est une copine à moi qui a assisté au concert qui l'a rapporté au petit.

ELVIS - Je peux vous assurer qu'il ne doit pas y en avoir beaucoup en circulation des pièces comme celle-là… C'est vachement rock and roll, vous ne trouvez pas ?

RACHID - Alors là mon gazou, tu as la chance avec toi ! Un morceau de fauteuil de l'Olympia ! C'est comme si tu avais trouvé la lampe d'Aladin. Aïe aïe aïe !

ELVIS - Ça faisait des lustres que je l'avais paumé… Il a dû tomber de ma poche un jour que je bricolais chez toi… Et je l'ai retrouvé ! Vous vous rendez compte ? Je l'ai retrouvé ! C'est génial, non ?

HIPPOLYTE - C'est ça que vous avez retrouvé ? Un bout de bois !

ELVIS - Ben… ouais !

CLOTILDE - Et c'est pour ce morceau de bois que je vous ai baisé les mains ? Ah ! vous étiez content que je vous baise les mains, n'est-ce pas ? Vous en redemandiez, n'est-ce pas ? Vous n'êtes qu'un sadique dégénéré ! Un pauvre attardé tout juste bon à s'extasier sur un bout de bois… Et pendant ce temps-là, mon pauvre petit Youki, où es-tu ? Où es-tu ? *(Levant les bras au ciel.)* Youki ! Youki !

Elle s'enfuit vers les chambres.

HIPPOLYTE - Clotilde ! Clotilde ! *(Il s'apprête à la suivre. Sur le seuil de la porte, il se retourne.)* Notre Youki a disparu et vous, vous vous en fichez ! Vous vous apprêtez à faire la fête ! Vous devriez avoir honte !

Il sort.

LOUISETTE - Bravo Anatole ! Elle est belle ta famille !

Pendant qu'Anatole baisse la tête, dépité, Rachid, Elvis, Germaine et Fatima viennent l'entourer.

RACHID - Ne t'inquiète pas mon ami, nous sommes là !

ELVIS - Pas de lézard, mon pote ! On est là !

Rachid et Elvis lui passent chacun un bras autour du cou.

Fin du deuxième acte

Acte Trois

Sur scène, Cynthia et Elvis. Elvis fait semblant de jouer de la guitare. Sur un solo de hard rock, il se déchaîne littéralement, totalement habité par le morceau. Assise près de lui, Cynthia le regarde, subjuguée. Au bout de quelques instants, arrivée d'Anatole. Il est accompagné de Marie-Chantal. Après avoir observé quelque temps Elvis, Anatole coupe la musique.

CYNTHIA - Oh non ! Anatole, pourquoi tu fais ça ? C'était trop bien !

ANATOLE - Ben voyons ! C'était trop bien… Surtout pour mes oreilles.

CYNTHIA - Elvis ! Tu joues super vachement bien.

ELVIS - Et encore… Là, j'avais pas la guitare.

CYNTHIA - Ça ne fait rien, c'était quand même vachement bien.

ELVIS - Quand j'ai la guitare, c'est bien aussi… Bon, ce n'est pas tout à fait le même son… mais c'est bien.

ANATOLE - S'il te le dit, tu peux le croire… Moi, je l'ai entendu une fois, eh bien je peux t'assurer qu'il a le même son que moi quand je fais de la tronçonneuse. Si, si ! Je t'assure !

ELVIS *(prenant cela pour un compliment)* - C'est vrai, Anatole ? Tu penses vraiment ce que tu dis ?… C'est super gentil de me dire ça ! Merci !

ANATOLE - Y a pas de quoi.

CYNTHIA *(enjôleuse)* - Dis Elvis… Un jour, tu voudras bien me montrer ton instrument ?

ELVIS - Pourquoi pas ? Maintenant qu'on commence à bien se connaître… Parce que tu sais, je ne le montre pas à tout le monde.

CYNTHIA - Je m'en doute bien.

MARIE-CHANTAL - Mes aïeuls ! Qu'est-ce que j'entends ! Je vais péter une durite à entendre des trucs pareils… Les filles m'en avaient parlé, ça m'avait fait rigoler… Mais après ce que j'ai entendu, je dois bien reconnaître que ce n'est pas du pipeau.

CYNTHIA *(haussant les épaules)* - Ce que t'as entendu, évidemment que ce n'est pas du pipeau… C'était de la guitare… De la guitare électrique… N'est-ce pas Elvis ?

ELVIS - Oui Cynthia.

ANATOLE - Marie-Chantal ! Un petit canon ?

MARIE-CHANTAL - Je ne sais pas si j'ai vraiment le temps.

ANATOLE - Toi qui es garagiste, ne me dis pas que tu refuses de faire « contact » !

MARIE-CHANTAL - Bon… Ben… Vite fait, parce que je dois encore repasser au garage… J'ai eu tellement de boulot que je n'ai pas encore eu le temps de décharger la dépanneuse. Au fait… Les cousins ? Comment vont-ils ? Toujours aussi grincheux ?

ANATOLE - Encore plus ! Surtout depuis qu'ils ont perdu Youki.

Marie-Chantal - Non ! Ils ont paumé le chien ? Comment ils ont fait ?

Anatole - Soi-disant à cause de Louisette qui avait laissé la fenêtre de la chambre d'amis ouverte… Forcément pour aérer un peu, avant qu'ils arrivent. Un moment d'inattention et le clébard en a profité pour se faire la malle… La Louisette, elle était un peu mal à l'aise quand ils lui ont fait sentir que c'était un peu de sa faute. C'est pour ça qu'elle est partie avec Germaine pour essayer de le trouver le Youki… Nous aussi, on a cherché un peu partout… Macache ! Pas plus de Youki que de beurre en branche… Je me demande où il a pu se fourrer. Si tu en entends parler…

Marie-Chantal - Tu peux compter sur moi… Je le récupère et après, je demande une rançon. *(Observant Elvis.)* Dis donc, toi ! T'as changé de coupe de cheveux… Ouais… Ce n'est pas franchement mieux… C'est quoi, tous ces pics ? On dirait des haricots verts dressés ! Après la banane, les haricots verts ! Bravo !

Cynthia - Eh bien, moi, je trouve ça très joli.

Marie-Chantal - Ça ne m'étonne pas. Tu as toujours eu du goût.

> *Entre-temps Anatole a servi Marie-Chantal, Elvis, puis s'est servi.*

Anatole *(à Cynthia)* - Toi, pas d'alcool ! Ce n'est pas parce qu'on boit un coup que le bébé doit trinquer.

Cynthia - De toute façon, ça ne me prive pas… Ça fait longtemps que je ne bois pas d'alcool… Depuis que j'ai entendu dire que ça diminuait les facultés intellectuelles. Moi, on m'a expliqué qu'il y en a qui en ont plus que d'autres, des facultés intellectuelles… Ça dépend des gens… Alors moi, comme je ne sais pas trop combien j'en ai, je préfère ne pas prendre de risques.

ELVIS - Ça, c'est bien raisonné.

CYNTHIA - Je vais quand même prendre un verre pour trinquer avec vous… Même s'il est vide… Comme on dit : « L'important c'est de participer. »

ANATOLE - Allez ! Contact !

ELVIS, MARIE-CHANTAL et CYNTHIA - Contact !

ANATOLE - Moteur !

ELVIS, MARIE-CHANTAL et CYNTHIA - Moteur !

TOUS - Eeeeeeeeeeeeeet santé !

Ils boivent tous d'un trait puis reposent leur verre.

ANATOLE *(prenant un ton snob)* - Dites-moi Marie-Chantal… Que nous vaut le plaisir de votre visite ?

MARIE-CHANTAL - Arrête un peu Papy ! Ton gag, il commence à sentir le réchauffé ; tu me le sors à chaque fois.

ANATOLE - Ce n'est pas de ma faute… C'est à cause de ton prénom : Marie-Chantal.

MARIE-CHANTAL - Ça aussi, je te l'ai expliqué cent fois… Mon prénom, c'est une erreur de casting familial… Après avoir eu quatre garçons, ma mère rêvait d'une fille qui l'aurait accompagnée dans les salons de thé et dans les salons de manucure… Manque de pot, les frangins laissaient toujours traîner leurs pièces de « Meccano », c'est comme ça que j'ai commencé à bricoler… Mais je ne suis pas venue pour te raconter ma vie… J'ai eu des invitations pour le championnat de cracheurs de noyaux. Je me suis dit que ça pourrait peut-être t'intéresser.

ANATOLE - Nous, on a déjà nos places… Tu penses bien… Mais les cousins, peut-être que ça pourrait les brancher.

Marie-Chantal - Tes cousins ? Ça m'étonnerait ! Quoique… À force de cracher eux-mêmes sur les autres… Si ça se trouve, ils adoreraient.

Anatole - Alors toi ! Vraiment, tu ne les aimes pas ! Pourtant ils ne t'ont rien fait.

Marie-Chantal - Si ! Ils m'ont pollué les oreilles, si tu veux tout savoir ! Tu les aurais entendus lorsque je les ai ramenés en dépanneuse… « Mais qu'est-ce qu'on fait dans ce trou de bouseux ? À cette heure-ci, nous devrions être à Saint-Raph'. »

Cynthia - C'est quoi Saint-Raph' ?

Marie-Chantal - Tu ne connais pas Saint-Raph' ? C'est près de Saint-Trop'.

Elvis - Elle veut dire Saint-Raphaël et Saint-Tropez. Les vieux snobs, c'est comme ça qu'ils disent… Et des vieux, ils en ont à la pelle dans la région… Il y en a tellement de vieux snobs dans le coin qu'ils ont droit à leur festival, tous les ans. Le festival de cannes qu'ils appellent ça ! *(Il mime en marchant, comme s'il tenait une canne.)*

Marie-Chantal - Moi, je dis qu'il en faut pour tous les goûts… Mais vois-tu, j'ai toujours un peu de mal à apprécier ceux qui nous prennent pour des bouseux… Tu sais, Anatole, ils ont encore du pot d'être tes cousins sinon, rien qu'en les entendant, je crois que j'aurais eu la tentation de forcer un petit peu sur le devis.

Anatole - S'ils sont un peu bêtes et très méfiants, c'est sans doute parce qu'ils ne sont pas habitués… Tu sais, l'inconnu, ça peut faire peur… Tiens… Imagine que je rencontre un gars comme Elvis, à minuit dans un tunnel… Peut-être bien qu'il me ficherait les pétoches.

Cynthia - Qu'est-ce que t'irais faire à minuit dans un tunnel ?

ELVIS - Moi? À minuit dans un tunnel? Tu rigoles! Franchement j'aurais trop la trouille de faire une mauvaise rencontre.

ANATOLE - Tu vois! C'est ce que je dis! Toi, t'as peur, moi, j'ai peur, les cousins ont peur et dans ces cas-là, chacun se replie sur ses petites habitudes, recherche son clan, se dirige vers ce qui lui semble familier. Tout le monde réagit comme ça, c'est humain… Alors si tu as une bonne situation et que tu habites Neuilly, entre le festival de Cannes et les cracheurs de noyaux, je ne suis pas sûr que tu hésites longtemps.

MARIE-CHANTAL - Qu'est-ce que tu cherches à dire exactement?

ANATOLE - Oh! pas grand-chose! Je veux seulement dire qu'on est tous un peu programmés pour être un peu comme ci, un peu comme ça, avec celui-ci, avec celle-là et que parfois, il suffit que le hasard s'en mêle pour qu'on puisse faire de belles rencontres qu'on n'avait pas forcement prévues.

ELVIS - Je crois que je commence à comprendre ce que tu veux dire… Regardez… Cynthia et moi… On se connaît depuis vachement longtemps pourtant on ne s'était jamais rencontrés. Il a suffit d'une étincelle.

CYNTHIA - Ah ouais! Celle-là, je ne vais pas l'oublier! Une sacrée étincelle!

ANATOLE *(à Marie-Chantal)* - Je ne dis pas ça parce que ce sont mes cousins mais tu sais, quand je les ai vus, malheureux à cause de leur clébard, honnêtement ça m'a fait tout drôle… Et je me dis que quelqu'un qui pleure sur son chien ne doit pas être bien méchant.

MARIE-CHANTAL *(sceptique)* - Ouais… Bon… Moi, j'y vais. *(Elle se dirige vers la porte. Sur le seuil, elle se retourne.)* Pour le devis, ne t'inquiète pas. Je vais voir ce que je peux faire.

Elle sort.

ANATOLE *(à Elvis)* - Dis donc, toi ! T'es en forme pour demain ?

ELVIS - Un peu nerveux… Mais ça devrait aller.

ANATOLE - Tu t'es entraîné aujourd'hui ?

ELVIS - Ben non… J'étais avec Cynthia.

ANATOLE - Mon petit Elvis, si tu négliges l'entraînement, t'es foutu.

ELVIS - Je ne voulais pas m'entraîner devant elle… Je voulais qu'elle me voie seulement en compétition.

ANATOLE - Cynthia ! Tu vas nous laisser. C'est l'heure de l'entraînement.

CYNTHIA - D'accord les garçons ! Je vous laisse… À tout à l'heure, mon petit chou.

> *Tout en s'éloignant à reculons, elle fait des bruits de baisers avec sa bouche. Elvis fait de même. Elle sort.*

ANATOLE - Bon ! Le petit chou, t'es prêt ?

ELVIS - C'est vachement rock and roll, tu ne trouves pas ?

ANATOLE - Si tu le dis.

ELVIS - Cette fille-là, mon vieux, elle est terrible ! Elle m'a allumé le feu.

ANATOLE - Tu veux un seau d'eau pour te calmer ?

ELVIS - Non, non… Ça va aller.

ANATOLE - T'as ton matériel ?

ELVIS - Œuf corse ! Bien sûr que je l'ai ! *(Il fouille dans sa poche et en tire un noyau d'avocat.)* Avocat de Côte d'Ivoire ! Ça, c'est du noyau.

ANATOLE - Vas-y ! Montre-nous ce que tu sais faire !

ELVIS - Pas de problème !

Il se met le noyau dans la bouche, fait face aux spectateurs en avançant en devant de scène et s'apprête à cracher.

ANATOLE - Attends ! Pas par là !

ELVIS *(recrachant son noyau pour parler)* - Et pourquoi pas par là ? Si, si ! Moi, ça me plaît bien par là. *(Il remet le noyau dans la bouche, fixe le public et s'apprête à recracher.)*

ANATOLE *(au dernier moment)* - Non !

ELVIS *(recrachant le noyau, visiblement agacé.)* - Quoi encore ?

ANATOLE - Si tu me l'envoies n'importe où, tu vas me dégueulasser la tapisserie et je vais me faire appeler Jules par la Louisette… Mets-toi plutôt par là ! Vas-y ! *(Elvis crache le noyau qui traverse la pièce.)* Pas mal ! Mais tu peux faire beaucoup mieux ! Recommence ! *(Elvis reprend un autre noyau et recommence.)* Ouais… Dis-moi, tu ne serais pas un peu tendu, par hasard ?

ELVIS - Ben si… Forcément…

ANATOLE - Il faut que tu sois beaucoup plus détendu… Enlève ta chemise ! Je vais te faire un massage pour dénouer tout ça. *(Elvis enlève sa chemise. Il apparaît torse nu. Anatole se place derrière lui et commence à lui masser les épaules.)* Oh là là ! Mais c'est plein de nœuds là-dedans !

ELVIS - Oh ! que c'est bon ! Oh ! que c'est bon !

ANATOLE - Je te fais du bien là ?

ELVIS - Oh oui ! Tu me fais du bien ! Vas-y ! Continue !

ANATOLE - Et là ? Ça fait du bien ?

ELVIS - Oh oui ! Qu'est-ce que c'est bon !

Entrée d'Hippolyte et de Clotilde. Ils ont l'air accablé. Ils s'assoient sans dire un mot sur le canapé, la tête basse. Au bout d'un moment, ils regardent fixement Elvis et Anatole puis rebaissent la tête. Anatole, qui ne les avait pas vus à leur arrivée, a continué de masser Elvis jusqu'à ce qu'il se rende compte de l'incongruité de la situation.

ANATOLE - Euh… ce n'est pas du tout ce que vous croyez !

Pendant qu'Elvis se rhabille, Hippolyte et Clotilde conjointement fixent à nouveau Anatole d'un air absent puis rebaissent les yeux.

ELVIS - Il me massait… C'est à cause de la compétition de demain…

ANATOLE - Oui… Demain… Il va cracher des noyaux.

ELVIS - Des noyaux d'avocats.

Hippolyte et Clotilde semblent ne rien entendre, les yeux perdus dans le vide.

ANATOLE *(gentiment)* - Ça va ? Ça va les cousins ?

HIPPOLYTE *(sortant de sa torpeur)* - Nous avons cherché pendant des heures… Interrogé tout le village… Aucune trace de Youki… C'est à n'y rien comprendre !

CLOTILDE - C'est comme s'il s'était évaporé ! Mais où est-il ? Où est-il ?

ANATOLE - Allons, allons ! Ne vous mettez pas dans tous ces états, cousine ! Il va revenir votre Youki ! Il a dû courir après une chienne par là… Quand il aura fini de draguer, il reviendra.

HIPPOLYTE - Notre Youki ne « drague » pas, comme tu dis… Le vétérinaire s'est arrangé pour que cela n'arrive pas.

ANATOLE - Tu veux dire qu'il est castré ? Oh ! le pauvre ! T'entends ça, Elvis ?

ELVIS - Aïe aïe aïe ! Comme dirait Rachid… Tu sais quoi ? Je n'aimerais pas être réincarné en Youki !

ANATOLE - Moi non plus !

CLOTILDE - Que pouvons-nous faire de plus ? Je suis vannée ! Nous avons tellement marché…

HIPPOLYTE - Repose-toi, ma chérie. Reprenons quelques forces… Nous repartirons avant la nuit.

ELVIS - Vous avez une photo de votre chien ?

HIPPOLYTE - Oui, mais je ne vois pas en quoi cela vous intéresse.

ELVIS - J'ai un pote qui est imprimeur… Si vous me donnez une photo, on va faire des affichettes qu'on va placarder dans tout le canton… Avec ça, vous allez le retrouver votre Youki.

HIPPOLYTE *(prenant son portefeuille pour en tirer une photo du chien)* - C'est une excellente idée ! Mais il commence à être tard… Vous croyez que l'imprimeur va…

ELVIS - No problem ! Y a pas de lézard ! L'imprimeur c'est mon ancien bassiste, c'est comme un frangin… Il se plierait en huit pour moi… Et puis je l'aiderai à faire le boulot… Y en a pas pour longtemps… Vous en voulez combien ? Mille ? Deux mille ?

CLOTILDE - Deux mille, ce sera bien… Mais dites-moi, monsieur, pourquoi faites-vous cela ?

ELVIS - Quand j'étais môme, j'avais un crapaud… Un joli crapaud… Vous l'auriez vu… Il avait de jolies pustules sur la peau…

Il était magnifique… Et les yeux ! Des yeux tellement expressifs ! Des fois quand je lui amenais une limace ou un ver de terre, il me regardait avec tellement d'amour, tellement de reconnaissance, qu'à chaque fois, j'avais l'impression qu'il allait se mettre à parler.

CLOTILDE *(émue)* - Exactement comme mon Youki ! C'est beau l'amour d'une bête ! Il s'appelait comment votre crapaud ?

ELVIS - Il s'appelait Gene… Comme Gene Vincent… Vous savez, le chanteur de « Be-bop-a-lula ». Et puis un jour, il a disparu… Je ne l'ai plus jamais revu. Je l'ai bien recherché un petit peu mais tout seul que vouliez-vous que je fasse ? Il aurait fallu que je me renseigne, que j'interroge les gens, mais je n'osais pas… Je ne voulais pas leur demander : « Vous n'auriez pas vu un crapaud ? » J'avais peur qu'on me prenne pour un « ouf » mais ensuite qu'est-ce que j'ai regretté ! Peut-être que si j'avais mis des affichettes, quelqu'un me l'aurait retrouvé mon Gégène ! Alors aujourd'hui, en souvenir de lui, si je peux faire quelque chose pour votre Youki…

HIPPOLYTE *(ému à son tour)* - Monsieur, vous êtes un brave ! Du fond du cœur, merci monsieur !

ELVIS *(lui aussi très ému)* - Appelez-moi Elvis !

CLOTILDE - Merci Elvis !

Terrassés par l'émotion, ils s'étreignent tous les trois en pleurant à chaudes larmes.

CLOTILDE, HIPPOLYTE et ELVIS - Beuh ! Beuh !

Entrée de Rachid et Fatima. Ils portent des plats contenant des pâtisseries et des fruits (oranges, dattes et figues).

RACHID - Aïe aïe aïe ! C'est le mur des lamentations, ici !

FATIMA - Bijour les gazous, bijour les gazelles !

Clotilde, Hippolyte et Elvis, gênés, essuient discrètement leurs larmes.

RACHID - Qu'est-ce qu'il se passe ? *(À Anatole.)* C'est toi qui les fais pleurer ?

ANATOLE - C'est à cause de leur chien… Tu sais bien, le Youki !

FATIMA - Vous ne l'avez toujours pas retrouvé ? C'est embêtant ! Tu entends ça, Rachid ?

RACHID - Bien sûr que j'entends ! Qu'est-ce que tu crois ? Que j'ai de la semoule de couscous dans les oreilles ou quoi ?

FATIMA - Ton frère Karim, il pourrait peut-être les aider à retrouver le chien… Tu devrais lui téléphoner.

RACHID - Aïe aïe aïe ! Fatima ! Si tu commences à avoir les bonnes idées à ma place, je fais quoi, moi ? Je fais comme les femmes musulmanes et les navigateurs ? C'est ça ? Je n'ai plus qu'à mettre les voiles ?

FATIMA - Arrête tes bêtises ! Téléphone plutôt !

RACHID *(à Anatole)* - Je peux ?

ANATOLE - Bien sûr !

Rachid prend le téléphone et compose un numéro.

RACHID - Allô ! La gendarmerie ? J'aurais voulu parler à Karim s'il vous plaît… Allô ! Bijour mon frère ! Comment tu vas ? Quand est-ce que tu viens manger le tajine à la maison ? Tu ne viens plus… Tu as peur que Fatima, elle t'empoisonne ou quoi ?… Non je ne téléphone pas pour ça… Y a les cousins d'Anatole… Oui, c'est ça, Anatole ondulé… Je lui dirai… Tu m'écoutes ? Les cousins d'Anatole, ils ont perdu leur chien… Il est comment ? Qui ça ? Anatole ? Non… Le chien ?

ELVIS - Dis-lui que je passerai lui apporter une photo.

RACHID - Elvis passera avec une photo du chien… Qu'est-ce que tu dis ? Tu veux donner une recette de cuisine à Elvis ? Mais qu'est-ce que tu racontes ? Karim ! Je t'assure… On n'a pas le temps… Bon… Vite alors ! Je répète à Elvis… Vas-y ! *(Il écoute puis répète à Elvis.)* Elvis, tu prends deux beaux citrons… Oui ! Après ? Elvis, tu coupes les citrons… Oui ? Je lui ai dit… Quoi ?… Maintenant Elvis presse-les ! Elvis Presley ! Aïe aïe aïe ! Mon frère ! Elle est usée ta blague ! Encore plus usée que la djellaba de ton grand-père… Ce n'est pas grave ! Je compte sur toi pour le chien, d'accord ? « Chokrane » ! « Salam » mon frère !

ELVIS - Moi, j'y vais ! Salut !

Il sort.

HIPPOLYTE - Alors, qu'a-t-il dit votre frère ?

RACHID - Il a dit qu'il allait s'en occuper… Il va en parler à tous ses collègues. Tu sais, gazou, mon frère Karim, il aime bien plaisanter mais c'est un bon gendarme, tu sais.

HIPPOLYTE - Qu'est-ce qui l'a poussé à devenir gendarme ?

RACHID - Je vais te dire, gazou… Le Karim, il a vraiment trop une tête d'Arabe. Toute la journée, il se faisait contrôler par la police, par les gendarmes… Alors, un jour il a dit : « Je vais passer le concours de gendarmerie comme ça, après, au lieu de me faire contrôler, c'est moi qui contrôlerai. »

CLOTILDE - Monsieur Rachid, merci pour ce que vous faites pour nous.

RACHID - Aïe aïe aïe ! La gazelle ! Pourquoi tu dis monsieur Rachid ? Maintenant on se connaît, alors tu dis Rachid et Fatima. D'accord ?

CLOTILDE - Entendu Rachid !

FATIMA *(lui tendant un plat)* - Tenez ! Prenez un petit quelque chose pour vous redonner des forces.

HIPPOLYTE - Non… Nous n'avons pas le temps… Nous devons retrouver Youki avant la nuit.

FATIMA - Justement gazou… Prends des forces, après tu chercheras mieux.

ANATOLE - Elle a raison… Posez-vous un quart d'heure et après nous irons tous ensemble rechercher le Youki. S'il est encore dans les parages, je vous garantis qu'on va le trouver.

CLOTILDE - C'est vrai ? Vous feriez cela pour nous ? Tu entends cela Hippolyte ? Ils sont prêts à donner de leur temps pour nous aider à rechercher notre cher Youki. N'est-ce pas merveilleux !

HIPPOLYTE - Vraiment, je ne sais que dire…

ANATOLE - Savez-vous que Louisette et Germaine sont elles aussi parties à la recherche de votre fugueur ?

CLOTILDE - Vous voulez dire qu'actuellement, elles le cherchent ?

ANATOLE - Ben oui… Louisette s'en voulait un peu d'avoir laissé la fenêtre ouverte.

CLOTILDE - La pauvre ! Elle ne pouvait pas prévoir.

HIPPOLYTE - Nous avons été injustes tout à l'heure… Nous étions tellement exaspérés que les mots ont certainement dépassé notre pensée… Et elle, au lieu de nous en vouloir, elle part à la recherche de Youki. Quelle brave femme ! Quand je repense à ce que j'ai dû lui dire sur le coup de la colère… Je suis vraiment confus… Vraiment… Je ne sais pas quoi dire.

ANATOLE - Eh ben, tais-toi ! Si tu ne sais pas quoi dire, tais-toi et mange !

HIPPOLYTE - Qu'est-ce que c'est ?

FATIMA - Ce sont des pâtisseries tunisiennes… Des cornes de gazelle parfumées à la fleur d'oranger, des baklavas aux amandes.

CLOTILDE - Qu'est-ce qu'il y a dedans ?

FATIMA - Dedans ? Il y a des amandes, des noisettes, de la pistache… Un peu d'eau, un peu de farine et surtout beaucoup d'amour. Il ne faut pas oublier l'amour, c'est ça qui donne le goût !

CLOTILDE - Ça a l'air bon… Ça ne fait pas trop grossir ?

FATIMA - Un petit peu… Mais pas trop.

RACHID - Un petit peu beaucoup… C'est pour ça que les femmes, chez nous, quand elles sont jeunes et que tu les rencontres, elles sont toutes « Coca-Cola ». *(Avec les mains, il esquisse une silhouette fine.)* Mais après, quand elles vieillissent, elles deviennent toutes « Orangina ». *(Il esquisse une silhouette en exagérant la forme des hanches.)* Si vous ne voulez pas grossir, moi, j'ai des oranges, des figues, des dattes…

ANATOLE - Dis donc Rachid, tes dattes, elles me paraissent un peu sèches.

RACHID - C'est parce que ce n'est pas encore la saison, gazou… Tu sais bien, les dattes, ça dépend du calendrier.

ANATOLE - Tu veux dire qu'on n'a pas toujours le choix dans la datte ?

RACHID - Eh non, gazou !… J'ai apporté du thé à la menthe… On le boit et après on va tous chercher Youki ? D'accord les amis ?

HIPPOLYTE - Nous ne voudrions pas vous importuner… Si vous avez votre fête à préparer…

ANATOLE - Tout est prêt ! Il n'y a plus rien à préparer… Et puis, ce n'est pas « votre » fête, c'est la fête à tout le monde, c'est la fête des voisins et comme en ce moment vous voisinez avec nous, eh ben… naturellement vous êtes invités.

CLOTILDE - C'est très gentil mais, voyez-vous, tant que nous n'aurons pas retrouvé Youki, nous n'aurons aucune envie de faire la fête.

ANATOLE - Puisque je vous dis qu'on va le retrouver votre Youki. Allez, Rachid ! Fais le service.

Rachid sert à chacun un verre de thé.

HIPPOLYTE - Alors… Voyons… Comment vous dites… Contact ? C'est cela.

RACHID - Aïe aïe aïe ! Pas avec le thé, gazou ! C'est trop chaud ! Si tu fais contact avec le thé, comme dit Marie-Chantal, tu risques de te brûler les soupapes. Tu vois, gazou, le thé à la menthe, ça se déguste.

Arrivée de Germaine et de Louisette.

ANATOLE - Ah ! voilà les plus belles !

LOUISETTE *(à Hippolyte et Clotilde)* - Désolées ! On a rien trouvé… On y retournera tout à l'heure… *(À Germaine.)* De toute façon, à son âge, il fallait bien que ça arrive… Et puis il va être papa, ça va être super !

GERMAINE - Lui, papa ! C'est bien ce qui m'inquiète… Toujours dans son rock and roll… Ce n'est encore qu'un grand gamin.

ANATOLE - Vous parlez d'Elvis ?

GERMAINE - Bien sûr ! De qui veux-tu qu'on parle ? Du pape ?

ANATOLE - Ne te fâche pas Germaine.

GERMAINE - Je ne me fâche pas mais figurez-vous que ce grand benêt que j'ai croisé à l'instant, vient de m'annoncer qu'il va se mettre en ménage avec Cynthia.

ANATOLE - Et alors ? N'est-ce pas merveilleux !

GERMAINE - Comment voulez-vous qu'il élève un gosse, il a déjà du mal à se moucher tout seul !

ANATOLE - Alors là ! Germaine, tu exagères !

RACHID - Gazelle, tu exagères.

GERMAINE - Vous êtes ses copains, forcément vous le défendez.

CLOTILDE - Madame… Si je peux me permettre de m'immiscer dans votre conversation…

GERMAINE - Allez-y ! Immiscez-vous si ça vous dit !

CLOTILDE - Je ne voudrais surtout pas être intrusive…

GERMAINE - Bon ! Si vous voulez vous immiscer, c'est maintenant ! Alors ? Qu'est-ce qu'elle veut dire, la dame ?

CLOTILDE - Je voulais vous dire que votre fils, Elvis, possède des qualités de cœur qu'on ne rencontre que très rarement. Je suis persuadée qu'il saura être un bon papa.

GERMAINE - Je sais bien qu'il a du cœur, il donnerait sa guitare au premier venu… Mais ce n'est pas ça qui le rend plus intelligent ! Et l'autre là ! La Cynthia, elle n'aurait pas pu nous prévenir avant ? Quand on a du retard, on fait un test de grossesse, non ?

ANATOLE - Cynthia, tu lui aurais proposé un test de grossesse, elle t'aurait dit : « Je ne vais pas le faire, je ne saurai jamais répondre aux questions. »

RACHID - La gazelle, elle est gentille mais si tu lui demandes un jour « à quoi tu penses ? » ça veut dire que ce jour-là, tu lui fais un compliment.

LOUISETTE - Taisez-vous ! Vous êtes méchants ! Cynthia, elle est comme elle est mais c'est une brave fille !

ANATOLE - On n'a jamais dit le contraire. On la charrie un peu mais tu sais bien, qu'ici tout le monde l'adore. Je suis certain qu'elle et Elvis seront de bons parents.

GERMAINE - Après tout, on verra bien… Y en a bien des plus bêtes qui ont réussi à élever leurs gosses, pourquoi pas eux ? Tiens Rachid, sers-moi donc un peu de ton thé parce que les recherches, ça donne soif ! *(À Hippolyte et Clotilde.)* Je ne sais pas où il a pu se planquer votre fauve mais en tout cas, il est bien caché.

On sonne à la porte.

VOIX DE MARIE-CHANTAL - Y a quelqu'un ?

ANATOLE - Entre ! C'est ouvert !

Entrée de Marie-Chantal. Elle porte une caisse.

MARIE-CHANTAL - Devinez ce que j'ai là-dedans ?

HIPPOLYTE et CLOTILDE - Youki !

Ils se précipitent pour prendre la caisse.

CLOTILDE - Oh ! mon Youki ! Mon trésor ! Tu es là !

HIPPOLYTE *(entrouvrant la caisse)* - Mais oui ! C'est bien lui ! Oui mon Youki ! C'est Papa ! Papa est là ! Et toi ? Où étais-tu petit chenapan ?

ANATOLE - Ouvre un peu la caisse qu'on le voie.

Hippolyte - Pour qu'il s'échappe à nouveau ? Certainement pas ! *(À Marie-Chantal.)* Où l'avez-vous trouvé ?

Marie-Chantal - Dans la dépanneuse. Il était sur le capot de votre 4x4, en train d'aboyer comme un malade… En fait, je crois bien que c'est ça qu'il cherchait. *(Elle sort de son bleu un jouet en plastique.)*

Hippolyte - Oh ! son jouet ! Que nous sommes idiots ! Nous n'avions même pas pensé à prendre son jouet. Merci madame ! Nous vous serons éternellement reconnaissants. Merci à vous tous qui nous avez aidés à chercher. Anatole et Louisette, vous pouvez être fiers de vos amis, ils sont tous formidables… Et vous aussi, du reste… Vous savez, nous sommes vraiment ravis d'être vos cousins… Et si vous le permettez, nous serions heureux d'être parmi les vôtres, ce soir, à votre fête.

Clotilde - Si vous voulez bien de nous.

Anatole - Mais naturellement cousine ! Venez qu'on s'embrasse !

Tous se lèvent et s'embrassent chaleureusement. Rachid se dirige vers la chaîne hi-fi et appuie sur un bouton. On entend de la musique tunisienne. Tous se mettent à danser. Après un moment de danse, entrée de Cynthia.

Cynthia - Écoutez-moi ! Écoutez-moi !

Au bout d'un moment, Rachid va éteindre la musique.

Rachid - Ben quoi ? Qu'est-ce qu'il y a, la gazelle ?

Cynthia - Je ne sais pas ce qui m'arrive ! Je viens de faire pipi dans ma culotte.

Louisette - Fais voir… Mais elle est en train de perdre les eaux !

CYNTHIA *(se tâtant les bras et les jambes)* - Mais non ! Ils sont toujours là, mes os ! Qu'est-ce que tu racontes ? Je ne perds pas mes os mais… *(Elle pleurniche.)*… J'ai fait pipi dans ma culotte.

GERMAINE - Allez, vite ! En voiture Simone ! En route pour la maternité !

ANATOLE - On t'accompagne ! Au cas où !

MARIE-CHANTAL - J'ai un gyrophare sur ma dépanneuse… J'ouvrirai le chemin.

LOUISETTE - Rachid et Fatima, trouvez Elvis ! Et rejoignez-nous dès que vous pourrez !

CYNTHIA - On va où ?

GERMAINE - Ne t'inquiète pas ! On t'expliquera en route !

Sortie d'Anatole, Louisette, Germaine et Marie-Chantal.

RACHID - Aïe aïe aïe ! J'ai l'impression que ce soir, les merguez, elles ne sont pas près d'être cuites.

FATIMA - Les cousins ! À bientôt ! On revient. Ne faites pas de bêtises et gardez bien les fenêtres fermées.

Sortie de Fatima et Rachid.

CLOTILDE - Dis-moi… On ne s'ennuie pas chez tes cousins… On y perd le Youki, on y perd les eaux… On n'arrête pas de perdre dans cette maison.

HIPPOLYTE - On y perd nos a priori, on y perd nos préjugés… Tu vois, tu pourrais encore allonger la liste. En revanche, comme moi, tu as dû le remarquer, chez les cousins, on y gagne des découvertes, on y gagne de la chaleur humaine, on y gagne de la reconnaissance.

Clotilde - Dis-moi… J'y pense… S'ils nous le proposent, crois-tu que nous pourrions rester quelques jours lorsque la voiture sera réparée ?

Hippolyte - J'allais te le proposer… Après tout, nous ne sommes pas si pressés d'aller rejoindre nos amis à Saint-Raph'… Parce que des amis, on peut en trouver partout, n'est-ce pas ?

Clotilde - Hippolyte ?

Hippolyte - Oui, chérie ?

Clotilde - Tu crois qu'on pourra avoir des places pour demain ?

Hippolyte - Des places ? Mais pour quoi faire ?

Clotilde - Pour assister au championnat des cracheurs de noyaux, bien sûr !

Hippolyte - Quelle bonne idée ! Quelle merveilleuse idée !… Chérie ! Une idée comme celle-là, ça s'arrose ! *(Il remplit deux verres et en tend un à Clotilde.)* Contact !

Clotilde - Contact !

Hippolyte - Moteur !

Clotilde - Moteur !

Tous deux - Eeeeeeeet santé !

Fin

Imprimé à la demande par Books On Demand GmbH, Bad Hersfeld, Allemagne

1er trimestre 2009
Première édition, dépôt légal : mars 2009
N° d'édition : 200910
ISBN : 978-2-84422-680-8